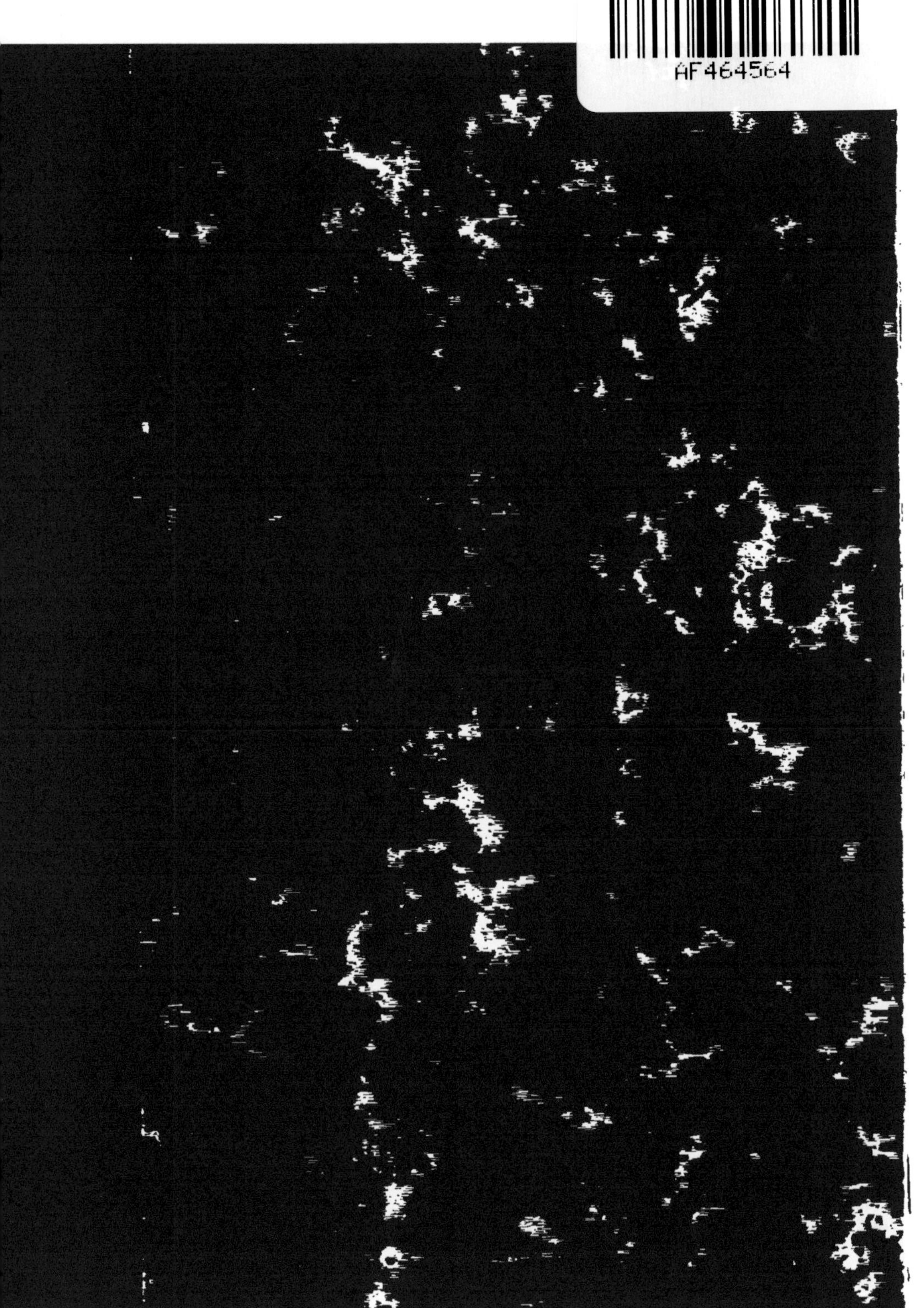

MES

# NOTES D'INFIRMIER

PARIS. — TYPOGRAPHIE DE HENRI PLON, RUE GARANCIÈRE, 8.

MES

# NOTES D'INFIRMIER

PAR

GUSTAVE NADAUD

PARIS
HENRI PLON, IMPRIMEUR-ÉDITEUR
RUE GARANCIÈRE, 10

1871

# MES NOTES

# D'INFIRMIER.

## I

Un mot d'introduction.

Au commencement de la guerre, j'étais à la campagne, aux environs de Lyon.

Lorsque nos désastres successifs eurent amené l'étranger au cœur de la France, chacun de nous s'interrogea sur le parti qu'il pouvait prendre pour ne pas rester complétement inutile.

Je demandai à entrer dans la première ambulance lyonnaise, qui se formait sous la direction du docteur Ollier. Ma demande fut accueillie, et je m'engageai comme infirmier pour la durée de la guerre.

Dans les campagnes que j'ai faites, j'ai été témoin d'incidents et d'épisodes, plus ou moins tristes et touchants, qui m'ont paru dignes d'être rapportés. Je n'écris pas un livre d'histoire; pas de politique, pas de récits de batailles. J'ai noté au passage des anecdotes, des impressions, quelquefois des sujets de pure fantaisie, et je les transcris sans suite et sans ordre, sans recherche d'effet, sans effort d'imagination et de style, avec la simplicité qui convient au rôle modeste que j'ai joué dans ces temps malheureux.

G. NADAUD.

## II

### Les quatre uhlans.

Faisons une supposition.

Au lieu d'être Français, nous sommes Allemands; au lieu d'être envahis, nous sommes envahisseurs; au lieu d'être gardes nationaux, gardes mobiles ou soldats, nous sommes deux ou trois des quatre uhlans qui ont conquis la France.

Nous avons reçu une certaine éducation, nous avons des façons dégagées; cela doit servir. Nous savons le français, la position l'exige. Nous *éclairons* un groupe de cinq ou six cents, qui lui-même précède un corps de dix mille hommes, lequel doit occuper la petite ville de ***.

Nous voilà partis le matin, sur une grande route. Je suppose encore que nous aimions à causer. Le doyen des quatre est un vieux routier qui s'est déjà promené dans plusieurs départements français; le second, un nouveau venu, un apprenti uhlan; les deux autres sont les comparses, le chœur antique. Le dialogue (on le traduit) doit s'établir ainsi entre les quatre personnages :

DEUXIÈME UHLAN. Camarade, vous avez fait souvent des expéditions de ce genre?

PREMIER UHLAN. J'ai pris Haguenau, Saverne, Commercy, Nancy, Châlons, Reims, Épernay...

DEUXIÈME UHLAN. Et on ne vous a jamais résisté?

PREMIER UHLAN. Jamais.

TROISIÈME ET QUATRIÈME UHLANS. Jamais, jamais.

DEUXIÈME UHLAN. Et vous n'étiez que quatre?

PREMIER UHLAN. Quatre.

TROISIÈME ET QUATRIÈME UHLANS. Quatre, quatre.

DEUXIÈME UHLAN. Vous avez donc un procédé?

PREMIER UHLAN. Un.

DEUXIÈME UHLAN. Pourrait-on le connaître?

PREMIER UHLAN. Sans doute.

TROISIÈME ET QUATRIÈME UHLANS. Sans doute, sans doute.

PREMIER UHLAN. Camarade, avant que je commence, voulez-vous m'offrir un cigare?

DEUXIÈME UHLAN. Avec plaisir. Si ces messieurs voulaient aussi en accepter?

TROISIÈME ET QUATRIÈME UHLANS. Avec plaisir, avec plaisir.

PREMIER UHLAN. Voyez-vous, le cigare, c'est notre première arme. Nous avons bien des sabres, des pistolets de longueur; mais nous n'avons presque jamais l'occasion de nous en servir. Il suffit qu'on les voie. Quand nous devons entrer dans une ville, nous allumons un cigare et nous arrivons tranquillement, comme chez nous. Les habitants courent effarés et veulent s'enfuir; un bourgeois leur crie : « Mais ces messieurs ne veulent pas vous faire de mal. Voyez, ils fument leur cigare! »

Alors je m'adresse à ce citoyen : « Voulez-vous m'indiquer la poste? » et le citoyen m'y conduit. « La maison du maire? » et le citoyen me montre deux réverbères. « Le meilleur hôtel de la ville? » et le citoyen me présente à madame l'aubergiste.

Nous passons ainsi dans les rues de la ville, et les femmes, qui se sont déjà familiarisées avec notre costume, se mettent aux portes et aux fenêtres : « Voyez donc comme ils sont sûrs d'eux! Ils fument tranquillement leur cigare! »

Alors nous commandons à l'auberge cinq cents déjeuners pour le lendemain. Nous enjoignons qu'on ait à préparer tant de chevaux, tant de gilets de flanelle pour les hommes, telle somme pour contribution de guerre. Nous demandons toujours le double du possible. Puis nous nous retirons poliment, et nous entendons dire sur notre passage :

« Ils sont très-bien. Voyez donc les beaux chevaux! Ah! quels chevaux! Ils n'ont point fait de mal. » Et, le lendemain, nous lisons dans le journal de la localité : « Quatre uhlans se sont présentés hier dans notre ville; ils se sont très-bien conduits. »

TROISIÈME ET QUATRIÈME UHLANS. Très-bien, très bien.

DEUXIÈME UHLAN. Mais, camarade, si, cependant, le citoyen à qui vous demandez le chemin de la poste et de l'auberge vous répondait : « Attends, attends, je vais t'y mener à coups de fusil? »

PREMIER UHLAN. Impossible : tout le monde l'en empêcherait en disant : « Mais vous voulez donc faire brûler la ville, violer les femmes, égorger les enfants? Voyez comme ils sont sûrs d'eux-mêmes! Ils fument tranquillement leur cigare. Ils ont au moins vingt-cinq mille hommes derrière eux! »

TROISIÈME ET QUATRIÈME UHLANS. Vingt-cinq mille, trente mille.

DEUXIÈME UHLAN. Mais, cependant, camarade, si deux ou trois sacripants se disaient : « Eh bien! tant pis, je me moque qu'on brûle la ville après, je n'ai ni femme ni enfant : je veux me passer la fantaisie de descendre un ou deux de ces brigands-là! » Que ferions-nous?

PREMIER UHLAN. Ce que nous ferions?

TROISIÈME ET QUATRIÈME UHLANS. Ce que nous ferions?

PREMIER UHLAN. Eh bien, nous tournerions bride et nous irions rejoindre notre corps le plus tôt possible.

DEUXIÈME UHLAN. Et que dirions-nous à nos chefs?

PREMIER UHLAN. Ce que nous dirions?

TROISIÈME ET QUATRIÈME UHLANS. Ce que nous dirions?

PREMIER UHLAN. Eh bien, nous dirions que nous avons trouvé la ville en état de défense, qu'elle a de la garnison, de l'artillerie, et qu'il est inutile d'aller l'attaquer.

DEUXIÈME UHLAN. Et nos cigares?

PREMIER UHLAN. Seraient éteints.

TROISIÈME ET QUATRIÈME UHLANS. Éteints, éteints.

PREMIER UHLAN. Mais, en attendant, ils sont allumés. En avant!

TROISIÈME ET QUATRIÈME UHLANS. En avant! En avant!

Il ne faut pas croire que les hommes ne se ressemblent pas. Le raisonnement que nous venons de faire et que nous ferions, si nous étions Prussiens, les Prussiens ne peuvent manquer de l'avoir fait avant nous. Si seulement, lorsque ces insolents entrent dans un village, ils trouvaient quelques paysans, sans armes, qui prissent l'un d'eux par une jambe et le fissent tomber de cheval, croyez bien que les trois autres ne demanderaient pas le chemin de la poste et n'iraient pas commander cinq cents déjeuners à l'auberge voisine.

## III

### A Saint-Loup.

Nous allions à Épinal. C'était le 13 octobre 1870. Le train emportait vers les Vosges des francs-tireurs de Marseille, des gardes mobiles de la Haute-Loire, et la première ambulance lyonnaise.

Voici qu'à la gare de Saint-Loup on nous dit que nous ne pouvons pas aller plus loin... Les Prussiens sont à Épinal, et la ligne est coupée. Nous sommes donc obligés de prendre gite à Saint-Loup.

La ville est encombrée : elle renferme déjà plus de deux mille jeunes soldats logés chez l'habitant. Nous parvenons, à grand'peine, et en nous partageant entre trois auberges, à souper frugalement.

Nous avons pour commensaux des gardes mobiles avec lesquels nous lions conversation.

— Voyez, nous disent-ils, on nous donne de vieux fusils, et devinez combien nous avons de cartouches? Six!

Avant d'aller plus loin, je dois déclarer que je n'aurais jamais voulu tracer les lignes qui vont suivre, si les malheureux dont je dois parler ne s'étaient relevés de leur inconcevable panique.

Le temps des faiblesses est passé, et il est peut-être bon de le rappeler pour en faire honte à ces timides qui avaient pris d'avance la résolution de ne pas se battre et qui fuyaient sans avoir vu l'ennemi.

Les logements étaient donc rares à Saint-Loup, et, faute de mieux, j'acceptai à l'hôtel de *** une chambre isolée au fond de la cour, au rez-de-chaussée, dont l'aspect n'était rien moins que réjouissant. Ce bouge contenait deux lits qui n'en valaient pas un bon, et la fille d'auberge qui m'accompagnait me dit :

— Vous prendrez celui-ci, l'autre est le lit de l'oncle.

— Quel oncle ?

— L'oncle de la maison.

— Est-il absent au moins, cet oncle ?

— On ne sait pas ; il revient quelquefois au milieu de la nuit.

— Mais comment entre-t-il ici ?

— Eh ! par la porte, donc !

— Mais si elle est fermée ?

— Elle n'a pas de serrure.

— Ah !

— Et quand même, il pourrait rentrer par la fenêtre, qui ne ferme pas non plus.

Je ne me donne pas pour un téméraire, et j'avoue qu'en toute autre circonstance l'inquiétude aurait pu me tenir éveillé. Je m'endormis cependant, et d'un profond sommeil.

Il était peut-être cinq heures du matin quand un coup de feu retentit près de ma fenêtre. On avait si souvent alors de pareilles alertes, que je ne m'en alarmai pas. Mais le premier fut suivi d'un second, puis d'une décharge assez nourrie.

Cela devenait sérieux. Est-ce que les Prussiens étaient déjà dans Saint-Loup ? Non, rassurez-vous : c'étaient messieurs les gardes mobiles qui visaient les cheminées, les girouettes et les enseignes, et qui usaient ainsi leurs munitions, pour avoir le droit de dire : « Nous n'avions que six cartouches, nous n'en avons plus. »

Je le répète, ces choses ne seraient pas bonnes à faire connaître, si nos jeunes soldats n'avaient pris leur revanche d'une défaillance qui n'eut jamais sa pareille dans notre pays.

Le jour venu, nous voulûmes, sinon aller jusqu'à Épinal, pousser du moins le plus loin possible dans cette direction.

Après plusieurs heures de marche, nous fûmes obligés de rétrograder. La route était encombrée de fuyards. Des chariots emportaient hommes, femmes, enfants, matelas, batteries de cuisine. Nous avons vu des voitures entièrement chargées de tuyaux de poêle. Les insensés fuyaient, fuyaient vers les villes, sans autre raisonnement que la peur, qui ne raisonne pas.

Pour éviter ce spectacle navrant, nous prîmes, au retour, une route latérale plus éloignée du chemin de fer. Là, nous vîmes des populations plus tranquilles attirées sur notre passage par une curiosité inquiète. A Corbenay, les femmes pleuraient et semblaient nous dire : « Ne nous faites pas de mal ! » Un paysan plus hardi s'approche de nous et dit à une bonne femme : « Tiens, en voilà un qui parle français ! » Et un moment après : « Mais... mais ils parlent tous français ! » Un autre cligne de l'œil en abordant le docteur B..., et lui glisse à l'oreille : « Venez chez moi, j'ai une perdrix. »

Ces braves gens nous prenaient-ils pour des Prussiens ?

En rentrant à Saint-Loup, nous aperçûmes de loin les gardes mobiles de la veille qui se *repliaient* en toute hâte et qui allaient prendre le train d'évacuation. Depuis, nous avons su qu'ils s'étaient bien montrés ; mais, ce jour-là... n'en parlons plus.

Par contre, la ville avait en notre absence reçu d'autres hôtes, des francs-tireurs du Doubs qui s'étaient battus, ceux-là, et dont quelques-uns étaient blessés.

C'est là que nous rencontrâmes pour la première fois deux personnages portant le même nom, l'un capitaine, l'autre sous-lieutenant, que nous retrouverons bientôt et qui méritent une mention spéciale.

## IV

### Capitaine et sous-lieutenant.

Le capitaine se nomme Nicolaï. C'est un petit homme aux yeux vifs, à la fine moustache. Il doit être prompt dans ses décisions et léger dans ses mouvements. Il a de trente-cinq à trente-huit ans, et nous trouvions qu'il avait la tournure d'un hussard français, habillé en fantassin.

Quant au sous-lieutenant, il a la taille souple et fine, le teint mat avec un peu de hâle, la sûreté dans le regard, la grâce dans la décision.

Il n'est autre que madame Nicolaï.

Quand nous les vîmes arriver à Saint-Loup, ils descendaient des Vosges mourant de faim et de froid. Peu s'en fallut qu'on ne leur refusât l'hospitalité dans l'auberge où se trouvait la chambre de l'oncle.

Les héros ne sont pas toujours bien reçus quand ils n'arrivent pas en vainqueurs et qu'ils n'ont pas la bourse garnie. Notre intervention leur obtint cependant un accueil honorable.

Ils ne pouvaient prétendre à changer d'habits. C'est une des nécessités de la guerre que l'oubli absolu des délicatesses de ce genre. Le corps doit s'habituer à toutes les intempéries, à toutes les privations, à tous les outrages de l'air et de la terre.

Coucher à la belle étoile, vivre de pain et d'herbes, c'est peut-être bon pour une fois, en été, dans les nuits courtes; mais bivouaquer sur un sol détrempé par les pluies, dans la froide saison, pendant les nuits sans fin, aspirer à un morceau de biscuit qui se fait attendre, et, disons le mot, faire toute une campagne sans changer de linge, c'est l'histoire triste et réelle des soldats, des sous-lieutenants et des capitaines.

Je recommande cette méditation aux femmes du monde qui, entraînées par un beau dévouement, seraient tentées de s'écrier : « Et moi aussi je voudrais être sous-lieutenant de francs-tireurs ! »

Quand ils furent à peu près réconfortés, M. et madame Nicolaï nous racontèrent le dernier combat auquel ils avaient pris part.

« C'était près des Bruyères, dans les Vosges. Nous étions embusqués dans une position magnifique, à la rencontre de deux routes.

» Nous avions pour nous des roches et des arbres;

nous étions blindés. Les gardes mobiles, mal commandés, n'avaient pas su choisir leur terrain aussi bien que nous.

» Vous n'ignorez pas comment opèrent les Prussiens?

» Ils savent, par leurs reconnaissances, où se trouve le gros de notre armée. Ils envoient de loin, de très-loin, des obus dans cette direction. Qu'un seul coup sur dix arrive au but, l'effet est produit.

» Les jeunes soldats, attaqués par un ennemi invisible, effrayés par ce bruit incessant, par ces éclats de fonte qui volent de toutes parts, se démoralisent, se débandent et lâchent pied. J'avais beau leur crier : « Non, non, ce n'est pas cela! Au lieu » de reculer, avancez! Vous serez plus à l'abri » quand vous serez plus près de leurs pièces! » Ils ne comprenaient pas. C'est pourtant bien simple : l'obus doit tomber et éclater à une distance déterminée. Mettez-vous en deçà ou au delà de cette distance, vous n'êtes pas atteint. Si vous vous placez au delà, vous laissez avancer l'ennemi, vous êtes vaincu.

» Si au contraire vous marchez droit au canon, les coups passent au-dessus de votre tête; l'ennemi, qui se tenait bien tranquille derrière ses batteries, est tout étonné de voir des hommes en face. Si vous l'approchez, il est battu; mais tant que vous reculerez, il ne vous verra pas.

— Et qu'est-il advenu de ce combat?

— Ce qui ne pouvait manquer d'advenir. Nous ne sommes restés que trois cents devant une armée; nous avons dû reculer, mais reculer en bon ordre, et nous avons encore eu le temps de ramasser en route, dans les haies et dans les ruisseaux, plus de cinq cents chassepots que nos jeunes camarades avaient abandonnés dans leur fuite. Ces armes incomparables ont été sauvées, et vous les verrez arriver tout à l'heure dans une charrette traînée par des bœufs.

— Et de quel côté vous dirigez-vous maintenant?

— Nous allons d'abord nous ravitailler dans une ville non occupée par l'ennemi, puis nous retournerons dans les champs et dans les bois, dans les ravins, dans les maquis.

— Les maquis, vous êtes donc Corse?

— Oui, dit le capitaine avec un léger embarras.

— Tant mieux; les Corses nous doivent une revanche.

— Et ils vous la donneront!

— Sans doute madame Nicolaï est votre compatriote? Cela ne se demande même pas; on le reconnait immédiatement à ce type méridional, à ces.....

— Moi, dit en souriant madame Nicolaï, je suis de Bourg-en-Bresse. »

Le lendemain matin, nous quittâmes Saint-Loup et suivîmes à pied la route de Vesoul, prenant ainsi l'avance sur le chemin de fer, qui fait un immense détour et qui manquait alors d'exactitude et de sécurité.

Quelque temps après, je rencontrai M. Nicolaï.

« J'aurais bien des choses à vous conter, me dit-il, mais je pars en toute hâte. Sachez seulement que ma femme a été nommée lieutenant et que je suis commandant du bataillon. »

On peut faire toute une campagne en côtoyant des amis qu'on ne voit jamais; on suit, sans le savoir, deux lignes parallèles. Il en est d'autres que le hasard se plaît à placer devant vous.

J'eus la bonne fortune de rencontrer encore une fois M. et madame Nicolaï. C'est à la gare de Besançon. Deux trains partent à dix minutes d'intervalle, l'un pour Dôle, l'autre pour Lons-le-Saulnier.

Pour éviter la confusion, on enferme sévèrement dans la salle d'attente les voyageurs du second train, tandis qu'on laisse passer ceux qui prennent le premier. J'étais du nombre des internés, et j'aperçus par la porte vitrée le commandant et le lieutenant Nicolaï qui montaient en wagon. Nous ne pûmes nous dire adieu que de la main; mais, sur un signe de son mari, madame Nicolaï tira de son calepin une carte photographique derrière laquelle elle mit sa signature.

Le commandant prit alors son crayon et ajouta deux ou trois mots. Il glissa la carte sous la porte de la salle d'attente, et nous échangeâmes un dernier salut. Je regardai la carte et j'y lus ceci, de deux écritures différentes :

*Lieutenant Nicolaï.*

Et plus bas :

*Héroïne de* 1870.

## V

### La veuve d'Auxon-Dessus.

Le 22 octobre 1870, les Allemands occupèrent le village d'Auxon-Dessus, près de Besançon. Ils en furent chassés le soir par les zouaves : mais on s'y souviendra longtemps de leur passage.

Quelques jours après, je visitai le champ de bataille où s'étaient livrés les combats de Cussey, d'Étuz et de Châtillon-le-Duc.

Je traversai le village d'Auxon-Dessus. Toutes les portes étaient closes ; pas un habitant ne paraissait dans les rues. Je m'arrêtai devant une maison, une des plus grandes du village, qui était entièrement consumée.

Deux pans de mur, un tas de pierres et des poutres noircies restaient seuls d'une construction considérable. En regardant ces débris encore fumants, je me demandai si cet incendie avait été allumé par le hasard des obus ou par la main des hommes.

Tout à coup je vois s'entr'ouvrir une porte basse, adaptée sans doute au soupirail d'une cave, et un spectre noir se dresse devant moi.

Une femme vieille, longue, sèche, sortait de ces ruines. Elle resta quelques instants muette, puis elle m'aborda :

« Cette maison est la mienne, me dit-elle. Je suis veuve; j'ai... j'avais un fils, j'y demeurais avec lui.

» Samedi dernier, les Prussiens sont venus ici. Nous avions un cheval auquel Pierre tenait beaucoup. Les Prussiens voulurent le prendre. Mon fils ne le leur refusa pas : on n'a rien à refuser à ces gens-là; mais il ne put s'empêcher de se plaindre.

» Alors, monsieur, savez-vous ce qu'ils ont fait? Ils ont fusillé mon enfant, là, dans le jardin.

» Et ici, ils ont pris un fagot et des allumettes, et ils ont mis le feu à notre maison.

» Maintenant, je n'ai plus de quoi m'acheter une robe de deuil. »

Voilà ce que m'a raconté la vieille d'Auxon-Dessus.

Une maison brûlée, un paysan fusillé, c'est peu de chose, et il n'est pas un village des contrées envahies qui n'ait eu ses *incidents* et ses *accidents*; mais il faut que chacun apporte sa note au concert des malédictions, on pourra faire alors la légende de la terrible invasion.

## VI

### Madame E. S.

En arrivant à Vesoul, je reçus un billet de logement. Je devais être l'hôte d'un magistrat de la ville. Je me présentai avec ma réquisition au logis désigné. Il était dix heures du soir, et j'eus bien de la peine à me faire entendre, quoique je cognasse à la porte à coups redoublés.

Enfin, un personnage noir, ressemblant à un secrétaire, vint ouvrir et me reçut avec une affabilité tempérée.

— Que demandez-vous?

— Monsieur X...

— Pour un logement?

— Oui.

— Ah!

Il emporta la lanterne et me laissa dans la cour.

Quelques instants après, j'entendis une fenêtre s'ouvrir au premier étage et une voix crier :

— Êtes-vous officier ?

— Non, monsieur.

— Alors, allez place du Marché, 5, chez madame Duyard, qui loge pour moi. J'ai trois lits chez elle, vous y serez très-bien.

Je ne sais pourquoi les trois lits de madame Duyard ne me tentèrent pas. Je rentrai à l'hôtel où notre compagnie avait soupé, et je demandai une chambre. Tout était retenu et occupé. Je sollicitai alors un autre billet de logement, et, muni de mon petit papier, j'allai frapper à la porte de madame E. S...

Il était tard : tout le monde dormait dans la ville, à l'exception peut-être de madame E. S..., qui veillait un enfant malade. J'eus quelque honte de mon importunité, et timidement je présentai mon billet.

— Vous le voyez, monsieur, me dit madame E. S..., mon enfant va mourir, et je ne puis vous faire bon visage. Cependant il y a, de l'autre côté de l'escalier, un lit tout prêt. Mon mari s'est engagé dans les francs-tireurs de la Haute-Saône. Vous devez être bien reçu chez lui.

J'allai habiter la chambre qui m'était ainsi offerte. Le lendemain, je priai les médecins de notre ambulance de donner une consultation à la pauvre mère. Rien n'y fit : le cas était désespéré. L'enfant mourut la nuit suivante. Nous voulûmes l'accompagner jusqu'au cimetière.

A côté des grands événements de la vie, se trouvent les détails vulgaires de chaque jour.

Il faut que je dise, sans plus de transition, que j'avais donné du linge à blanchir. L'ordre du départ nous étant arrivé brusquement, je réclamai mon linge tel quel; je le jetai dans mon sac, et l'emportai sans l'avoir vérifié.

Ce malheureux linge me suivit ainsi de ville en ville, de village en village; mais partout où nous faisions étape, il n'y avait pas de repasseuse, et partout où il y avait des repasseuses, nous ne faisions pas étape.

Un jour, pourtant, la coïncidence se présenta. Je tirai de mon sac un mouchoir marqué E. S. J'avais eu le temps d'être ingrat et d'oublier mes hôtes de Vesoul. Je reconnus qu'il y avait erreur, sans plus de réflexion.

Quelque temps après, je me trouvais à Besançon. On y passait, sur la place Granvelle, une revue de gardes mobiles et de francs-tireurs. On avait fait évacuer la place par la population civile; mais ceux qui portaient un uniforme quelconque étaient admis dans l'état-major. C'est à ce titre que je pus assister, comme témoin bien placé, à l'inspection de cinq ou six bataillons.

Tout le monde remarquait la fière tenue des francs-tireurs de la Haute-Saône, vêtus d'un costume marron clair.

Cette compagnie différait des autres, en ce qu'elle semblait composée d'hommes mûrs et même âgés. Ces soldats-là doivent être solides au poste. Ils se sont engagés sans coup de tête, avec discernement, avec résolution. Ils sont les *grognards* volontaires de l'armée.

Parmi eux, se trouvait une jeune femme portant le costume du corps, mais dont la tenue était gauche et mal assurée. Il va sans dire que tous les yeux étaient tournés vers elle, et plus d'un commentaire allait à son adresse.

Au milieu de la revue, il y eut une halte pendant laquelle les soldats rompirent les rangs. Je restai au milieu de la place, et je vis venir vers le groupe dont je faisais partie la femme que nous avions tous remarquée. Elle marcha droit à moi, et me tendit la main en disant :

— Vous ne me reconnaissez donc pas?

— Non, madame.

— Je suis madame E. S..., de Vesoul.

— Ah! pardon : ce costume... mais comment?...

— Oh! ce n'est pas gai, me dit-elle. Le lendemain de votre départ, les Prussiens entrèrent à Vesoul. Vous savez que mon mari est franc-tireur; on pouvaît donc lui faire un mauvais parti. J'ai voulu le rejoindre. Je savais qu'il était à Lure; je résolus de m'y rendre. Le chemin de fer était coupé. Je marchai jour et nuit. Quand j'arrivai à Lure, mon mari n'y était plus.

Où le trouver? Sur des renseignements assez vagues, j'allai dans la direction de Besançon. Je suivais partout l'armée ennemie.

Je courais de village en village, trouvant devant moi la désolation et le désert; plus de voitures, plus de chevaux : les Prussiens avaient tout pris. Je marchais toujours, toujours à pied. Enfin, arrivée à la rivière de l'Ognon, je sus que l'ennemi descendait la vallée, je pus donc couper à travers monts, et j'arrivai à Besançon sans chaussure et presque sans vêtements. Je rencontrai beaucoup de francs-tireurs, mais lui, non. Je n'avais plus qu'un parti à prendre : s'il existe encore, il viendra ici. Je me suis donc engagée dans le corps que vous voyez. J'ai passé par tant d'épreuves, que je n'en dois pas subir de nouvelles. Dieu m'a pris mon enfant; il n'est pas possible qu'il ne me rende pas mon mari.

Nous restâmes un moment silencieux; puis, pour couper court à de tristes réflexions :

— Excusez-moi, lui dis-je, si je viens mêler à de si grandes choses une réminiscence bien mesquine.

et peut-être ridicule : j'ai trouvé dans mon sac un mouchoir marqué E. S., il doit vous appartenir.

— Sans nul doute, répondit-elle.

— Où pourrais-je vous le faire parvenir?

— Où? je n'en sais rien ; je n'ai plus de demeure. Mais, s'il y a eu confusion, je dois aussi avoir un mouchoir qui vous appartient. Je conserverai le vôtre et vous garderez le mien en souvenir de moi, de mon mari et de mon enfant.

Le clairon sonna, et les francs-tireurs de la Haute-Saône reprirent leurs rangs...

## VII

### Une séance de magnétisme.

Plusieurs artistes faisaient partie de l'ambulance de ***.

Ces gens-là sont gais en dépit des circonstances, et quand les soins à donner aux blessés leur laissent un peu de loisir, ils aiment à se délasser et à se détendre dans des distractions plus ou moins frivoles.

Ce soir-là, on parlait magnétisme. Il va sans dire que les chirurgiens, qui ne brillent pas généralement par la crédulité, haussaient les épaules aux récits merveilleux que leur faisaient quelques jeunes illuminés. En pareil cas, il se forme toujours deux camps. On discute longtemps pour et contre.

Enfin, un des croyants voulant convaincre le plus ardent de ses adversaires, le docteur L..., lui parla de sa lucidité personnelle, et proposa de se faire endormir devant toute la société. L'offre fut accueillie avec faveur, et le docteur L... fut prié par tout le monde d'imposer les mains au jeune étourdi. Il le fit en riant, et ne fut pas peu surpris de voir qu'au bout de quelques passes il avait complétement endormi son *sujet*.

Peut-être sa foi dans sa propre incrédulité en fut-elle un peu ébranlée; mais ce qui va suivre devait l'étonner bien davantage.

Ici nous allons laisser la parole au magnétisé.

— Je dors; je vois un immense palais que j'ai déjà aperçu quelque part. Oui, je ne me trompe pas : ce parc, ces pièces d'eau, cette pelouse verte, ces bosquets réguliers; je suis à Versailles. Je vois des soldats, des officiers, un roi grand, trés-grand. Ce doit être Louis XIV... Mais non, c'est Guillaume, Guillaume lui-même. Il paraît attendre quelqu'un. En effet, j'aperçois un autre roi, petit, très-petit. Eh! je ne me trompe pas, c'est le roi de Bavière. Les deux monarques se mettent à causer. C'est singulier, ils parlent allemand, et mon esprit entend en français tout ce qu'ils disent. Écoutez :

LE ROI DE PRUSSE. Venez, mon fils. Je vais bien, merci. La Providence a veillé sur moi; car je crois que vous reconnaissez en moi l'élu de la Providence?

LE ROI DE BAVIÈRE. Certes, vous avez été fort heureux, et j'apprécie mieux que personne les mérites, les qualités, les... qui distinguent Votre...

LE ROI DE PRUSSE. Non, mon ami : la Providence, rien que la Providence.

LE ROI DE BAVIÈRE. J'espère que Votre Majesté reconnaîtra aussi que je l'ai aidée, sinon de mes conseils, du moins de mes armes.

LE ROI DE PRUSSE. Certainement, mon fils ; et vous avez dû remarquer que Bismark, à qui je fais dire et faire tout ce que je veux, a déclaré et proclamé que la coopération de la Confédération du Sud, après la Providence, a déterminé le succès de mes opérations militaires.

LE ROI DE BAVIÈRE. Je suis heureux de voir que vous rendez justice à vos alliés. Ils ont payé de leur personne sur les champs de bataille, et je dirai même à ce sujet que, plus souvent qu'à leur tour, les soldats bavarois se placent volontiers ou plutôt sont volontiers placés aux postes les plus périlleux.

LE ROI DE PRUSSE. Il doivent savoir gré à la Providence, et à moi, de leur avoir procuré cette gloire.

LE ROI DE BAVIÈRE. C'est possible ; mais ils ont été décimés par le feu de l'ennemi, qui ménageait les vôtres.

LE ROI DE PRUSSE. Le Dieu des batailles ne l'ignore pas, et je le sais aussi.

LE ROI DE BAVIÈRE. J'ai perdu l'élite de mes soldats.

LE ROI DE PRUSSE. Je ne les oublie pas dans mes prières.

LE ROI DE BAVIÈRE. Merci pour eux.

LE ROI DE PRUSSE. Vous non plus, mon enfant.

LE ROI DE BAVIÈRE. Merci pour moi. Oserai-je maintenant?...

LE ROI DE PRUSSE. Osez.

LE ROI DE BAVIÈRE. Oserai-je demander à Votre Majesté quel sera pour moi et mon peuple le résultat de cette série inespérée de succès?

LE ROI DE PRUSSE. Vous le demandez? Un résultat immense, incalculable : la réalisation de ce rêve, l'unité de l'Allemagne, la réunion sous mon sceptre de tous les États qui composaient la Confédération germanique et de bien d'autres encore. Le Dieu des batailles, qui tient dans ses mains les destinées des empires, m'a regardé d'un œil favorable, et il veut que je sois empereur d'Allemagne.

Soumis avec respect à *ma* volonté sainte...

n'oubliez pas que je couche dans le lit de Louis XIV.

LE ROI DE BAVIÈRE. Mais, la Bavière?

LE ROI DE PRUSSE. Oh! nous ne la perdons pas de vue : elle aura l'honneur d'en faire partie.

LE ROI DE BAVIÈRE. Partie de quoi?

LE ROI DE PRUSSE. Partie de l'empire, par la grâce de Dieu.

LE ROI DE BAVIÈRE. Mais, moi?

LE ROI DE PRUSSE. Le ciel ne permettra pas qu'on touche à un cheveu de votre tête. On vous épargnera les soucis de la royauté, les embarras d'un gouvernement constitutionnel, le budget, les misères, les tribulations qui m'arrivent par surcroît et que j'accepte avec humilité.

LE ROI DE BAVIÈRE. Mais, sire, j'ai eu ma part du danger.

LE ROI DE PRUSSE. C'est pour cela, je vous récompense.

LE ROI DE BAVIÈRE. Nous avons été victorieux ensemble.

LE ROI DE PRUSSE. Dieu et moi, nous le savons.

LE ROI DE BAVIÈRE. Mais, si nous avions été battus?

LE ROI DE PRUSSE. Dieu et moi ne l'aurions pas permis.

LE ROI DE BAVIÈRE. Mais enfin, si Dieu tout seul l'avait voulu?

LE ROI DE PRUSSE. Et bien, je ne serais pas empereur d'Allemagne, et vous seriez roi de Bavière.

LE ROI DE BAVIÈRE. Mais alors, j'aurais bien mieux fait de me mettre avec vos ennemis, ou d'être battu avec vous?

LE ROI DE PRUSSE. Je ne dis pas non ; mais la Providence...

LE ROI DE BAVIÈRE. Mais alors, j'ai travaillé pour le roi...

LE ROI DE PRUSSE. Pour le roi du ciel.

LE ROI DE BAVIÈRE. Mais alors, je ne suis qu'un...

LE ROI DE PRUSSE. Allez, mon enfant, retournez à Munich, tâchez de repeupler un peu cette pauvre Bavière, qui en a grand besoin. Doublez les impôts; je me charge des recouvrements. Faites, d'ailleurs, ce que vous voudrez : de la peinture, de la musique, et surtout remerciez la Providence, qui m'impose tant de travaux et qui vous fait tant de loisirs.

LE ROI DE BAVIÈRE. J'aimerais autant...

LE ROI DE PRUSSE. Adieu, adieu. Bien des choses à votre collègue de Wurtemberg.

LE ROI DE BAVIÈRE. Décidément, je ne suis qu'un...

*(Il sort.)*

LE ROI DE PRUSSE (*le rappelant*). Remerciez la Providence! La Providence, c'est moi.

*Ici apparaît un chambellan casqué qui était entré furtivement et qui avait entendu l'entretien.*

LE ROI DE PRUSSE (*à ce personnage*). Bismarck,

vous allez télégraphier à Augusta que le roi de Bavière n'est qu'un...

A ce moment, une porte s'ouvrit : « Messieurs, des blessés! » La séance du magnétiseur fut interrompue brusquement. Opérateurs et témoins se levèrent pour aller recevoir les victimes que leur envoyaient les rois de Prusse et de Bavière.

## VIII

### Marnay-sur-Ognon.

Il nous en souviendra,
Larira,
Des gardes nationaux de Marnay-sur-Ognon.

Nous étions partis de G... le 19 octobre. Mais avant de partir, sachons ce qui s'y était passé la veille et le matin. La veille, le sous-préfet, de récente création, avait réuni la garde nationale, et, comme il était avocat avant d'être sous-préfet, il avait jugé à propos d'adresser quelques harangues de bon cru aux soldats citoyens réunis sur la place de l'Hôtel-de-Ville. J'ai eu la bonne fortune de saisir au vol quelques-unes de ses paroles :

— Mes amis, disait-il, l'ennemi s'avance et l'heure approche. Soyons prêts. Chacun de vous vaut quatre Prussiens. Nous n'avons pas de remparts, mais nous aurons des barricades. L'étranger ne souillera pas le sol de cette place.

Le discours reçut un accueil assez froid, et un des auditeurs murmura :

— Si, au moins, nous avions des chassepots!

— Et qu'avez-vous besoin de chassepots? La première arme n'est-elle pas l'amour de la patrie! Vous serez des héros... D'ailleurs, j'ai reçu des ordres.

Le sous-préfet s'agitait et agitait son chapeau avec tant de véhémence, que le bourdalou dudit chapeau en était tout ébouriffé. Bref, il donna à tous une haute idée de sa vigueur et de sa résolution.

Le lendemain, le même sous-préfet, sans tambour ni trompette, sans discours ni phrase, fit savoir aux mêmes gardes nationaux qu'ils eussent à rendre leurs armes, et à ne faire aucune résistance. « Il avait reçu des ordres. »

On réunit tous les fusils, qu'on expédia par le train d'évacuation, et les Prussiens entrèrent à G... sans coup férir.

Nous étions donc partis le 19. Le gros de notre compagnie avait pris le chemin de fer, tandis que deux infirmiers (S. et moi) se dirigeaient vers Besançon par la vieille route de terre. Nous étions chargés des voitures de l'ambulance, trois fourgons et une calèche contenant des vivres et des vêtements. Le temps était pluvieux, la route accidentée, et la nuit nous surprit bien avant que nous eussions atteint le bourg de Marnay, où nous devions faire étape. Nos grandes voitures noires cheminaient péniblement, et je ne sais comment nous serions arrivés à destination, si les habitants du dernier village n'étaient venus pousser à la roue.

Enfin nous voyons, malgré l'obscurité, que nous sommes dans une ville, et cette ville ne peut être que Marnay. Marnay n'a pas de gaz et n'avait pas, ce soir-là, de réverbères. Tout à coup, à la lueur que projetaient les lanternes de nos fourgons, nous apercevons une forêt de baïonnettes qui s'agitent, et cinquante voix crient en même temps : « Qui vive? Arrêtez-les! Espions! Prussiens! » Nous avons beau répondre : « Français! » de tous côtés on nous montre la pointe des baïonnettes : « Parlez! répondez! — Mais Français! Société internationale! — Répondez donc! Espions! espions! »

Impossible de se faire entendre de ces gens-là. Par bonheur, un gendarme se trouvait parmi eux. Il parvint à modérer le zèle de ces ardents patriotes en leur disant : « Nous allons voir, on ne juge pas sans entendre. » Jamais cet aphorisme ne fut mieux placé, et jamais la gendarmerie ne s'éleva plus haut dans mon esprit.

Nous fûmes donc conduits à l'auberge par les gardes nationaux, le gendarme, les femmes, les enfants, en un mot, par la population valide de Marnay, avec les égards dus à des criminels de distinction. Tout ce monde entra dans la cour et put visiter nos équipages avec accompagnement de baïonnettes. Nous entrâmes dans la salle de l'hôtel, et nous pûmes montrer nos papiers au gendarme, qui reconnut notre qualité et fut très-poli.

— Vous êtes donc de la Société internationale de Genève?

— Mais oui !

— Il fallait le dire.

— Mais nous nous tuons à le crier.

— C'est vrai qu'il n'est pas facile de se faire entendre.

Alors notre sauveur chercha à expliquer à la foule ce qu'il avait fini par comprendre, à savoir que nous étions de la Société internationale. Ce mot *international* parut calmer quelques effervescents qui y attachaient un sens particulier; mais une notable partie de nos persécuteurs assiégeait encore la porte intérieure de l'hôtel. La maîtresse de céans l'ouvrit et s'écria : « Que les hommes sont donc bêtes! Allez-vous-en, tas d'imbéciles! » Cette éloquence rustique eut plus de succès qu'une plaidoirie de Jules Favre. Ces soldats citoyens avaient ri, ils étaient désarmés.

Nous pûmes enfin demander des chambres et commander notre souper. Mais, de même que les orages apaisés ont des retours inattendus, nous eûmes encore à subir l'interrogatoire de deux soi-disant délégués. L'un des deux semblait être sergent, et l'autre était à coup sûr fortement aviné. Ce dernier nous dit entre autres balivernes :

— Vous êtes de Lyon? Je connais Lyon comme ma poche. J'ai habité Lyon pendant trois ans. Je connais tout le monde à Lyon. Qui connaissez-vous à Lyon?

Pour nous débarrasser de cet insupportable personnage, nous lui jetâmes quelques noms. Il hochait la tête et semblait dire : « Je ne connais pas ce monde-là. » A la fin, il murmura :

— Je connais bien des personnes à Lyon, mais rien que des ouvriers.

— Il n'y a pas de mal à cela; mais, pour l'amour de Dieu, laissez-nous tranquilles!

Notre interlocuteur se retira alors assez confus :

— Venez-vous, sergent? dit-il à son compagnon.

— Allez, répondit celui-ci, j'ai quelque chose à dire à ces messieurs.

Et il nous glissa dans l'oreille :

— Vous voyez bien qu'il est ivre! C'est Ducasse, le ferblantier; il n'a pas *dessoûlé* depuis la proclamation de la république.

Nous pûmes enfin nous restaurer et nous endormir.

Quelle heure était-il? sept heures peut-être. Le galop des chevaux nous réveilla. C'étaient les gendarmes qui passaient sous nos fenêtres en criant : « Madame Cailletel, les Prussiens arrivent! » ce qui signifiait : « Messieurs, allez-vous-en! ».

Nous faisons préparer nos équipages, et pendant qu'on donne aux chevaux la dernière avoine, nous voulons revoir la place qui a failli nous être funeste. Plus de baïonnettes, plus de soldats. Nous causons avec le vieux curé, qui reste quand tout le monde fuit. Nous voyons le notaire arrachant ses panonceaux. Nous rentrons; nos voitures sont prêtes, nous partons.

Depuis, nous avons appris que les Prussiens étaient entrés dans la ville quelques heures après; mais nous n'avons pas ouï dire qu'ils aient été inquiétés par les braves gardes nationaux de Marnay-sur-Ognon.

## IX

### La nuit des Rois.

Comme les ambulances reçoivent les blessés ennemis aussi bien que les nationaux, le fait suivant aurait pu se produire : A l'occasion de la fête des Rois, le futur empereur d'Allemagne aurait pu écrire à tous ses anciens collègues, rois, roitelets, princes et principicules des deux Confédérations; le courrier porteur de ce message aurait pu être blessé en route et confié à nos soins, nous aurions pu lire la lettre, qui aurait pu n'être pas cachetée, et elle pourrait être ainsi conçue :

Mes chers collègues, vassaux et confédérés. *Reges Tharsis et insulæ munera afferent : reges Arabum et Saba dona adducent : Et adorabunt eum omnes reges*, etc., etc.

*Les rois de Tharse et les îles lui offriront des présents : les rois d'Arabie et de Saba lui appor-*

*teront des dons. Et tous les rois l'adoreront,* etc. (Ps. LXXI, 10.)

Ne soyez pas étonnés si je prends le langage des prophètes. Le Dieu des armées m'a choisi pour être son instrument; il a voulu m'élever à la hauteur de David et de Salomon.

*Attendite, popule meus, legem meam; inclinate aurem vestram in verba oris mei.*

*Écoutez ma loi, ô mon peuple, et rendez vos oreilles attentives aux paroles de ma bouche.*

C'est aujourd'hui la fête des Rois; la dernière nuit, j'ai songé à donner un divertissement à ma cour. Vous n'êtes pas sans savoir que dans beaucoup de pays on célèbre cette fête en écrivant des billets que chacun tire au sort. J'ai voulu me donner et vous donner cette distraction. Ce bon Bismarck a fait les billets; il s'entend très-bien à ces choses-là. Il a eu l'idée d'attribuer à chacun une profession ou plutôt une dignité dans ma maison, s'en rapportant au hasard pour la distribution de ces faveurs. Il a donc écrit les billets suivants :

Le roi.

Le surintendant des beaux-arts.

L'échanson.

Le maître de bouche.

L'intendant des menus plaisirs.

Le directeur des haras.

Le chambellan.

Le fou.

Tous ces petits papiers furent placés dans mon propre casque, et agités par la main de Bismarck. Les personnages à qui ils étaient destinés étaient moi, d'abord, et puis vous, chers confédérés. Vous n'étiez pas là, direz-vous? Je le veux bien; mais soyez tranquilles, j'y étais et j'ai tiré pour vous. Entre monarques, cela se fait.

J'ai donc plongé la main dans mon casque, et naturellement j'ai amené :

*Le roi.*

Comme Saül, le sort m'avait désigné. Alors Samuel... c'est-à-dire Bismarck, me présenta à tous les assistants : Le roi, messieurs.

... *Stetitque in medio populi, et altior fuit universo populo ab humero et sursum.*

*Et ait Samuel ad omnem populum : Certè videtis quem elegit Dominus, quoniam non sit similis illi in omni populo. Et clamavit omnis populus et ait : Vivat rex!*

... *Et lorsqu'il fut au milieu du peuple, il parut plus grand que tous les autres de toute la tête.*

*Samuel dit à tout le peuple : Vous voyez quel*

*est celui que le Seigneur a choisi, et qu'il n'y en a point dans tout le peuple qui lui soit semblable. Alors tout le peuple s'écria : Vive le roi!* (I, Rois, x, 23-24.)

Après avoir tiré pour moi, j'ai tiré pour le roi de Bavière.

Admirez le hasard!

Le billet portait : Surintendant des beaux-arts.

En effet, le roi Louis n'est bon que pour ces bagatelles.

Laissons-lui donc la musique, et même la danse, car il y a un peu de Lola Montès dans la famille.

... *Simul montes exultabunt.* (Ps. xcvii, 9.)

Je songeai ensuite au roi de Wurtemberg.

Admirez encore le hasard!

Il est l'échanson.

A dire vrai, j'aurais été fort embarrassé de lui trouver un emploi. Je ne sais trop à quoi peut servir un roi de Wurtemberg. Le sort lui donne une place qui convient à sa modestie.

*Vinum et musica lætificant cor...* (Eccl. xl, 20).

Et chaque fois que j'approcherai la coupe de mes lèvres, il devra crier :

Le roi boit!

Ce ne sera pas une sinécure.

Le troisième billet fut pour le roi de Saxe.

Admirez toujours le hasard!

Il est mon maître de bouche.

*Qui dat escam omni carni...* (Ps. CXXXV, 25.)

Tout le monde sait que la Saxe produit de la porcelaine et du linge de table. Son roi était prédestiné à la vaisselle et au service de ma maison.

Puis je tirai le quatrième pour mon cher grand-duc de Bade.

Admirez de plus en plus le hasard! Il est l'intendant de nos menus plaisirs.

*Lætentur et exultent gentes...* (Ps. LXVI, 4).

Bade, charmant séjour dont j'ai pu apprécier les jeux innocents et utiles, où l'étranger apportait son or.

*Et accepit spolia eorum.* (I MACH., III, 12).

N'est-il pas bon et équitable que les folies des uns entretiennent les sages plaisirs des autres?

Le cinquième billet fut tiré à l'intention de mon non moins cher grand-duc de Mecklembourg.

Ne vous lassez pas d'admirer le hasard!

Directeur des haras et chef des écuries.

C'est le Mecklembourg qui sera chargé de fournir et d'augmenter le nombre des quadrupèdes. Il ne devra pas négliger de s'en faire donner par l'ennemi.

*Adducebantur autem ei equi de Ægypto cunctisque regionibus.* (II PARAL. IX, 28.)

Il restait encore deux billets à tirer. Pour qui donc? Ah! pour le grand-duc de Hesse.

Il est chambellan.

Il faut bien que chacun fasse ce qu'il sait faire.

*Acceptus est regi minister intelligens.* (PROV. de Salomon, XIV, 35.)

Il ne restait plus qu'un nom à appeler et qu'un billet à tirer; l'un devait nécessairement s'appliquer à l'autre.

Le roi de Hanovre est...

Le fou.

Fou, en effet, qui m'a trahi en restant fidèle à sa cause et à son peuple.

*Indignatio regis, nuntii mortis.* (PROV. de Salomon, XVI, 14.)

Je suppose, mes chers collègues et vassaux, que vous serez tous contents de votre sort. S'il en était autrement, j'en serais fâché pour vous, mais cela me serait bien égal.

*Subjecit populos nobis; et gentes sub pedibus nostris.* (Ps. XLVI, 3.)

Sur ce, je lève ma coupe vers le ciel, et je vous engage tous à crier :

LE ROI BOIT!

On ne peut savoir encore quelle réponse feront à cette notification les monarques confédérés, mais ils pourront, sans crainte de se tromper, écrire au biblique souverain :

Le roi boit !

## X

### Champigny.

Il y avait autrefois, aux environs de Paris, un village peu connu qu'on appelait Champigny-sur-Marne.

En ce temps-là, Saint-Cloud, Meudon, Sceaux, Enghien, Sèvres, Suresnes, étaient célèbres par leurs sites, leurs forêts, leurs châteaux; partout des domaines princiers, des villas aristocratiques, des chalets de plaisance.

Champigny, plus modeste, se tenait recueilli au bord de la rivière, avec ses maisons blanches et bourgeoises. La Marne, au lieu d'y amener le bruit et le mouvement, ne passait là que pour le plaisir des yeux, car elle n'y est pas navigable, et elle s'y livre à une fantaisie d'une extravagance toute pittoresque.

Après avoir arrosé Petit-Bry, Nogent et Joinville-le-Pont, elle n'a qu'un pas à faire pour aller se jeter dans la Seine, à Charenton. Mais non, elle ne prend pas si aisément son parti de quitter cette jolie contrée; elle veut faire son *tour de Marne*, créer des prairies, embrasser des îles, faire tourner des moulins.

Elle va errer sous Champigny, Chennevières, Bonneuil, Port-Créteil, et elle revient prendre, de l'autre côté de Joinville, les bateaux qui préfèrent une traversée souterraine de cinq cents mètres à une promenade sentimentale de douze ou quinze kilomètres.

Ainsi, point de chemin de halage, point de gros bateaux, point de mariniers, mais une rivière calme, dessinant une presqu'île entourée de coteaux boisés et de villages bâtis en amphithéâtre; quelques barques à voiles ou à rames amarrées sur les bords, quelques maisons élégantes, beaucoup d'habitations rustiques, voilà le tour de Marne.

Il fallait voir comme les dimanches d'été peuplaient ces heureux rivages d'une foule composite et bigarrée!

Le chemin de fer de la Varenne, qui reste encaissé entre deux talus durant les deux tiers de son parcours, sort tout à coup de son lit au détour de Nogent. Il plane sur l'île de Beauté, s'arrête à Joinville, et dépose à cette station presque toute la gent *canotière*. La partie bruyante du train met pied à terre, et c'est à qui arrivera le premier au bord de l'eau ou à la table du restaurant.

Plus graves et plus recueillis sont les voyageurs qui vont plus loin. Ce sont des propriétaires, des bourgeois, des ouvriers, qui veulent passer leur dimanche dans leur maison, dans leur famille, chez des amis.

Mais, pardon; je parle au présent comme si tout cela existait encore, et cependant je rappelle un temps passé, bien passé. A cette époque, il y avait à Champigny une maison hospitalière entre toutes. Elle appartenait à un artiste d'une certaine notoriété, qui en faisait son *hoc erat in votis.* Il vivait là huit ou neuf mois de l'année, pour s'y reposer des trois ou quatre mois d'hiver.

Dans ses rêves de retraite, il avait voulu avoir autour de lui tous les animaux amis de l'homme. Aussi la cour et le jardin de Champigny étaient-ils une suite non interrompue de cages, de niches, de volières, de clapiers, de colombiers.

On descendait doucement vers la rivière, où se trouvait le petit port, avec ses deux canots. On avait des fleurs en quantité modérée, et des fruits à profusion.

Le maître de la maison avait trois passions : les bêtes, on l'a déjà vu, la musique et ses amis. Je les mets au hasard et sans ordre d'intensité.

Il était président de l'orphéon de Champigny. Les jeunes gens des environs venaient répéter chez lui les chœurs qu'il composait pour eux... Mais ne vous semble-t-il pas que nous avons vécu dans un rêve? Orphéon, Champigny, musique, amitié, tous ces noms et ces mots riants et pacifiques existent-ils encore pour nos lèvres, ou sont-ils les restes harmonieux d'une langue perdue, qu'on peut lire, mais qu'on ne doit plus parler?

Revenons à ses amis.

Tous les mercredis soir, à heure dite (sept heures un quart), ils débarquaient du chemin de fer. Le dernier coup du dîner sonnait au moment même où s'ouvrait la grille du jardin. Chacun avait sa place accoutumée, sa chambre familière. On dînait en plein air quand le temps le permettait, et la conversation se prolongeait à table jusqu'à une heure avancée. Elle embrassait tous les sujets, depuis l'art jusqu'à la science. On parlait aussi politique; qui n'en parlait alors?

Les commensaux n'étaient pas tous du même parti, mais tous Français par le cœur, par l'esprit, par toutes les facultés, et jusqu'à la moelle.

Le lendemain jeudi, on descendait de ces hauteurs; la journée était consacrée au jeu de boules. Il semblait que le jardin eût été prédestiné à cet usage. Au reste, le passant était prévenu. Un sculpteur, toujours un ami de la maison, avait modelé un vieux Gaulois et un jeune Romain qui faisaient ensemble une partie de boules. Ces deux statues avaient la place d'honneur de chaque côté du petit escalier qui séparait la cour du jardin. On ne peut imaginer l'entrain qui animait ces parties. C'était un bruit d'écoliers en rumeur, une gaieté juvénile qui survivait à la jeunesse; et l'indifférent qui passait sur la route voisine devait se dire : Voilà des gens heureux!

Heureux, oui certes, et plus qu'ils ne pouvaient le supposer.

Je viens de rappeler un temps bien ancien. C'était l'an dernier.

Six mois, six mois ont suffi pour ce vaste écroulement. Et maintenant que reste-t-il là-bas! Mon Dieu, mon Dieu, c'est donc vrai? La trombe prussienne est tombée sur le pays; tout est ruiné, ravagé, anéanti!

La rage de la destruction a voulu pour théâtre ce gracieux paysage. C'est là qu'on s'est battu, tué, massacré. Petit-Bry, Villiers, Chennevières, Bonneuil et Champigny, toujours Champigny, sont devenus noms de bataille, souvenirs de boucherie. Plus un arbre, plus une pierre debout, plus un habitant; rien que la terre pour ensevelir les morts.

C'est donc vrai!

O Champigny, bouquet de verdure, nid d'oiseaux, asile de travail, lieu de repos et de plaisir, séjour d'apaisement, refuge d'affection; ô maison de mon choix, jardin de mes rêves, amis de mon cœur, quand vous reverrai-je et en quel état?

Qu'on excuse ce sentiment personnel! qui de nous ne l'a pas éprouvé?

Ceux qui n'ont pas été directement atteints n'ont-ils pas été touchés dans quelques-uns des leurs?

La blessure reçue en pleine poitrine n'intéresse-t-elle pas toutes les parties du corps?

Le cri d'angoisse poussé des Vosges à la Loire ne trouvera-t-il pas toujours un écho douloureux du Rhône aux Pyrénées?

# XI

## Le zouave Batifol.

Celui-ci est le premier de nos blessés que nous ayons perdu.

C'était un enfant de Paris; son père est ébéniste, rue de Charonne, 130, au faubourg Saint-Antoine. Quand a-t-il pu savoir que son fils Joseph est mort?

Jamais guerre ne fut plus cruelle, ne divisa plus de familles, ne créa plus d'incertitudes et de déchirements. Nous avons tous eu nos séparations, longues souvent, parfois éternelles.

Les Allemands ont l'habitude de s'établir dans les villages pour y passer la nuit. Ils occupent une maison, s'y enferment et s'y empilent les uns sur les autres, de telle sorte qu'une seule grange peut servir d'asile à plusieurs centaines de soldats.

Un soir, Batifol croyant frapper à une maison amie, se présenta devant une de ces granges et tenta de l'ouvrir. Il fut accueilli par une décharge.

Plusieurs balles traversèrent la porte, et l'une d'elles vint frapper le zouave en pleine poitrine.

Quand on voulut en faire l'extraction, on rencontra un grand éclat de bois qui avait pénétré dans les chairs et qui avait produit de graves désordres. Cette complication rendait la blessure mortelle.

L'abbé V..., un des deux aumôniers de l'ambulance, s'approcha du lit de Batifol, causa avec lui, lui proposa les secours de la religion, à quoi celui-ci répondit :

— Oui, je sais... je sais bien! Alors, monsieur le curé, dépêchez-vous et donnez-moi bien vite tout ce que vous avez. Il expira quelques heures après.

Le lendemain, l'abbé F..., l'autre aumônier, me dit :

— Avez-vous jamais fait un cercueil?

— Non certes, et vous?

— Moi, je fais tout ce qui concerne mon état. Ce n'est pas d'ailleurs fort difficile.

Il fit apporter deux grandes planches, une scie, un marteau, des clous.

— Voyons, dit-il, pouvez-vous me donner la longueur d'un mètre?

— C'est, lui répondis-je, la distance qui sépare le bout de ma main gauche de mon épaule droite.

— Alors, prenons deux fois cette longueur, ajoutons-y quelques centimètres pour la bonne mesure.

Maintenant, appuyez fortement le genou et les mains sur cette planche.

Il scia prestement les quatre parois de la bière, ajusta les trois premiers morceaux et fit une grande boîte dans laquelle nous plaçâmes le corps.

Il cloua ensuite la quatrième planche, et nous nous mîmes en route pour le cimetière.

Un enfant de troupe nous précédait avec la croix, puis venaient nos deux aumôniers, puis quatre zouaves portant le cercueil; six infirmiers terminaient le triste cortége. Nous suivions une route déserte.

Pas un être humain n'apparaissait dans cette contrée dévastée.

Le curé de Saint-Ferjeux vint recevoir le convoi sur la limite de son territoire.

Nous traversâmes le village silencieux, sans y voir d'autres habitants qu'une femme et deux petites filles, qui se mirent à genoux sur la marche de pierre de leur maison.

La cérémonie fut brève; on n'avait guère le temps d'enterrer les morts.

Nous revînmes soucieux de l'enterrement du zouave, et nous fîmes au retour la même réflexion qu'au départ :

« Quand les parents sauront-ils qu'ils n'ont plus de fils? Paris est maintenant si loin! »

## XII

### Un conseil de guerre.

Les armées allemandes sont bien disciplinées, c'est un fait acquis; c'est-à-dire que les soldats sont strictement alignés, marchent correctement et font un salut militaire tournant qui marque une grande déférence du subordonné pour ses chefs. Ils sont réguliers dans leurs repas et dans leurs mœurs; bref, ce sont des gens d'un ordre parfait.

Aussi, quand ils s'abattent sur un pays, procèdent-ils méthodiquement. Ils prennent tout. C'est leur discipline. Les grains, les chevaux, les bœufs (ils refusent les vaches, à l'exception de quelques laitières pour le service des convalescents), les cochons, les volailles, les étoffes, l'argent, tout y passe. C'est le pillage organisé, réglementé, passant à l'état d'institution.

Maintenant le coup de filet général n'empêche pas la petite industrie individuelle. On pêche le gros pour l'État et le menu pour les particuliers. Le soldat est logé chez un habitant. Il ne peut s'abstenir de penser un peu à lui-même, à sa femme, à ses enfants, à sa fiancée, à ses amis.

Il dit à ses hôtes, en allemand :

Voici un châle qui conviendrait à ma femme, un jouet que n'ont pas mes enfants, une bague qui irait au doigt de ma fiancée, une pendule qui ferait bien sur la cheminée de mon ami.

Le propriétaire répond qu'il ne comprend pas.

Le soldat comprend qu'on lui offre ces objets, les emporte, les garde ou les expédie à sa chère famille. Le pillé ne dit rien, car il sait que dans le village on a eu soin de faire un *exemple* contre les récalcitrants, et il se trouve heureux, relativement, puisque son voisin, pour avoir murmuré, vient d'être passé par les armes.

La discipline française est moins roide, mais elle est peut-être plus sévère et à coup sûr plus loyale.

Nos soldats ont l'habitude de payer en numéraire les objets de première nécessité. Ils ne font pas d'*exemples* sur les populations désarmées; enfin, leurs moindres peccadilles sont réprimées avec une rigueur qui peut quelquefois paraître excessive.

Nous avons été témoins d'un fait qui donnera une idée de la justice militaire française.

En campagne, les conseils de guerre se tiennent

un peu au hasard du lieu. On n'a pas un palais de justice sous la main.

Le local occupé par l'ambulance lyonnaise parut convenable, et on demanda la permission de s'y établir pour quelques séances. Nous pûmes donc assister à plusieurs jugements d'une cour martiale.

On avait déjà condamné très-sévèrement trois ou quatre soldats pour des fautes plus ou moins graves, lorsque se présenta une cause qui aurait amusé l'auditoire, si elle avait eu un dénoûment moins pénible.

Deux zouaves étaient accusés d'avoir volé deux canards (un par tête) à la veuve D... Voici en quelques mots l'interrogatoire et le jugement :

LE COMMANDANT. Zouaves Fildeau et Piquefeu, vous êtes accusés d'avoir, dans la journée du 6 novembre, volé deux canards à la veuve D... Accusé Fildeau, répondez.

PIQUEFEU. Mon commandant, je vais vous expliquer ça.

LE COMMANDANT. Êtes-vous Fildeau?

PIQUEFEU. Non, je suis Piquefeu.

LE COMMANDANT. Fildeau n'est donc pas là?

FILDEAU. Faites excuse, mon commandant.

LE COMMANDANT. Pourquoi ne répondez-vous pas quand on vous interroge?

FILDEAU. C'est que, mon commandant, nous sommes convenus avec Piquefeu, pas vrai, Piquefeu? que c'est lui qui répondrait, vu qu'il parle facilement et avec plaisir, vu qu'il est de Marseille, en Provence.

PIQUEFEU. Bien dit, Fildeau.

LE COMMANDANT. Eh bien, Piquefeu, répondez.

PIQUEFEU. Mon commandant, je vais donc vous expliquer ça. Deux canards nous avaient été signalés.

FILDEAU. Un canard et une cane.

PIQUEFEU. Le sexe importe peu. Deux canards nous avaient été signalés.

FILDEAU. Deux petits canards.

PIQUEFEU. Deux canards de grosseur médiocre.

LE COMMANDANT. Abrégez.

PIQUEFEU. Nous n'avions pas mangé de canard depuis bien longtemps, et c'était chez nous comme une idée fixe d'en offrir un morceau aux camarades.

FILDEAU. Un petit morceau.

PIQUEFEU. Pour lors, nous mettons à la voile dans la direction...

LE COMMANDANT. Où étaient ces canards?

PIQUEFEU. Mon commandant, sans vous commander, dans une mare...

FILDEAU. Une petite mare.

PIQUEFEU. Une mare qui paraissait n'appartenir à personne, près d'une maisonnette...

FILDEAU. D'une petite maisonnette.

PIQUEFEU. Qui avait l'air de n'appartenir à personne.

FILDEAU. Absolument.

LE COMMANDANT. Comment les avez-vous pris?

PIQUEFEU. Voilà, mon commandant. Ces deux canards étaient donc là à jouer dans la mare; nous nous mettons à jouer avec eux...

FILDEAU. Par distraction.

PIQUEFEU. Nous les égayons à coups de pierres.

FILDEAU. De petites pierres.

PIQUEFEU. Alors, ils sortent de l'eau. Pour continuer le passe-temps, nous les acculons au pied du mur, et ils se laissent prendre.

FILDEAU. Sans résistance.

PIQUEFEU. Je crois bien qu'ils étaient un peu malades.

FILDEAU. Ils criaient!...

LE COMMANDANT. Et qu'en avez-vous fait?

PIQUEFEU. Mon commandant, sauf votre respect, nous les avons mangés.

FILDEAU. Aux échalotes.

PIQUEFEU. Avec les camarades.

FILDEAU. Ils étaient durs!

LE COMMANDANT. C'est bien, retirez-vous.

Après cinq minutes de délibération, le tribunal fit rentrer les deux accusés.

— Zouaves Piquefeu et Fildeau, vous êtes condamnés pour vol à deux ans de prison.

Deux ans! quatre ans pour deux canards, c'est juste, mais c'est rude.

Qu'on ne nous parle plus après cela de la discipline prussienne.

Ah! quand l'heure des revendications aura sonné, quand nous tiendrons dans nos mains ces brigands qui ont ruiné nos villes, dévasté nos campagnes, pillé nos maisons, brûlé nos granges et fusillé nos paysans; quand luira ce jour attendu de la vengeance et des-représailles, alors...

Eh bien! alors nous serons assez niais pour ne pas rendre œil pour œil et dent pour dent. Et nous aurons raison.

L'humanité parlera plus haut que la colère.

Ce n'est pas nous qui ferons jamais cette guerre de voleurs et d'assassins.

## XIII

### Le commandant badois.

Après une bataille meurtrière, les ambulances enlèvent à la hâte les blessés qui sont couchés sur le sol.

Mais en hiver la nuit arrive vite, et dès que le jour a baissé, on n'est plus guidé que par les plaintes et les cris.

On ne peut tout ramener le même jour. Il faut revenir le lendemain et le surlendemain, battre les fossés et les buissons, car, à côté des blessés qui se recommandent par leurs gémissements, il y a les silencieux qui se laissent mourir au coin d'un bois ou au fond d'un ravin.

Le docteur Z..., de la première ambulance lyonnaise, est un de ces chercheurs intrépides. Il prend un chariot, se fait conduire sur le lieu du combat, met pied à terre, va fouiller les environs, appelle les égarés en français et en allemand, car la charité doit parler toutes les langues, et finit presque toujours par découvrir quelque triste épave des récents massacres.

Dans une de ses excursions, le docteur Z... fit une singulière rencontre. Il trouva dans une forêt un homme portant un uniforme étranger, qui s'était assis au pied d'un arbre et qui fumait d'un air résigné sa longue pipe allemande.

Les deux interlocuteurs se saluèrent, et le dialogue suivant s'établit entre eux :

LE DOCTEUR. Êtes-vous blessé?

L'ÉTRANGER. Non, monsieur, je suis prisonnier.

LE DOCTEUR. Prisonnier de qui?

L'ÉTRANGER. De vous.

LE DOCTEUR. Pardon, je suis chirurgien ; je ne fais pas de prisonniers.

L'ÉTRANGER. Je suis, ou plutôt j'étais commandant à l'armée de Bade ; mais j'ai assez de la guerre ; mes croyances religieuses m'interdisent le genre de vie que je mène, et, ne pouvant pas retourner chez moi, ne voulant pas déserter, j'ai résolu de me constituer prisonnier entre les mains du premier officier français que je rencontrerais.

LE DOCTEUR. Mais c'est impossible; je ne suis ni

officier ni soldat; je n'ai pas d'armes, et mon caractère international m'interdit tout acte de cette nature.

L'ÉTRANGER. Monsieur, je vous en supplie, conduisez-moi à votre général.

LE DOCTEUR. Je n'ai pas de général, et je vous avoue que je ne comprends pas votre situation. Comment vous trouvez-vous là seul, dans une forêt, loin de vos camarades? Vous parlez le français avec facilité, et presque sans accent. Expliquez-vous. Levez-vous et marchons, car il fait terriblement froid. J'ai là une voiture, très-découverte il est vrai, qui m'attend à la route prochaine; vous y monterez, si vous le voulez bien, et je vous conduirai, non pas en prison, mais à la ville voisine.

L'ÉTRANGER. Volontiers; marchons. Voici mon épée.

LE DOCTEUR. Gardez-la; je n'ai pas le droit de porter une arme.

L'ÉTRANGER. Vous désirez connaître mon histoire; je vais vous la dire en quelques mots. Quoique je ne sois pas soldat de profession, moi non plus, je suis officier, et même un des premiers de mon régiment. J'étais professeur de langue française à F..., dans le grand-duché de Bade. J'ai une femme et deux enfants là-bas. On m'a incorporé dans la dernière levée. Presque tous les officiers de mon bataillon étant morts, on m'a donné un grade, et je suis parti. Je ne suis pas un lâche, monsieur, et j'ai marché au feu aussi bien que les autres, bien que ma religion me le défende. Nous ne sommes pas non plus des méchants, mes camarades et moi. Les Badois sont un peu lourds et entêtés; ils ne sont nullement cruels, et ils croyaient que la guerre se ferait loyalement. Mais on nous a... *prussianisés*. Comprenez-vous ce mot?

LE DOCTEUR. Parfaitement. Il est maintenant adopté !

L'ÉTRANGER. Ce qu'on nous a forcés de faire, je rougis en le rapportant; mais si je ne le disais pas, vous me prendriez pour un poltron, ou pour un traître. Nous avons assiégé des villes, nous les avons prises; on se battait de part et d'autre avec énergie; nous n'avions pas de reproche à nous faire. Mais depuis que nous avons traversé les Vosges et pénétré dans les villages et les campagnes, nous avons été des brigands. A la tête de ma compagnie, j'ai rançonné des populations sans défense. Obéissant à des ordres supérieurs, j'ai terrifié les habitants par des exactions odieuses, par des cruautés inutiles. Nous avons (ce n'est pas moi, mais on est coupable du crime qu'on n'a pas empêché), nous avons pillé, volé, tué. Hier, nous étions à E***, mes soldats m'amènent un homme qui était accusé d'avoir sonné le tocsin dans son village. Est-ce un crime? je l'ignore. J'interroge cet homme. Il me répond qu'il est l'instituteur du village. Instituteur, cela veut dire professeur, n'est-ce pas? C'était donc un collègue pour moi. Il ajouta qu'il était chargé de remonter l'horloge de l'église, et qu'on l'avait surpris procédant à cette opération. Il mentait peut-être, mais enfin il n'y a pas là de quoi tuer un homme. Je cherche à l'expliquer aux autres officiers; mais tous me répondent qu'il faut être inflexible. La Prusse le veut ainsi.

On condamne le malheureux à être fusillé. Il s'adresse à moi; il avait l'air d'un brave homme; il instruit les petits enfants, comme moi, monsieur. Il est marié, il a... je vous ai dit que j'ai deux enfants. Lui de même. Cette femme et ces deux petits êtres se roulent à mes pieds, dans la boue. Ah! ma pensée se reporte alors au pays natal, au foyer perdu, à la famille lointaine. Je veux sauver cet homme. Je le fais garder à vue. Mes soldats le menacent; il veut fuir; alors savez-vous ce que j'ai fait? J'ai crié : Feu! Tel que vous me voyez, j'ai commis cet acte abominable; puis j'ai eu honte de mon pays, de mes compagnons, de moi-même, et je suis venu m'installer là, attendant qu'un ennemi passât pour me tuer comme un chien. Vous comprenez maintenant que vous m'auriez honoré en me faisant prisonnier.

LE DOCTEUR. Je vous le répète, j'appartiens à une ambulance internationale, et toute immixtion dans les choses militaires m'est sévèrement interdite.

L'ÉTRANGER. Que ferai-je? je ne puis retourner vers une armée que j'ai quittée et que je méprise, je ne veux pas revenir dans mon pays pour y être appelé lâche et déserteur. Il faut que je m'expatrie... Je ferai venir ma femme et mes enfants, et, après avoir été professeur de français en Allemagne, je serai professeur d'allemand en France.

LE DOCTEUR. C'est une résolution bien arrêtée?

L'ÉTRANGER. Entrée dans une tête carrée.

LE DOCTEUR. Alors venez avec moi.

Nous avions à l'ambulance un jeune soldat qui n'était rien moins qu'un héros. Il avait été reçu par exception, quoiqu'il n'eût qu'une blessure légère, si légère qu'elle semblait n'avoir jamais existé. Il fallait le renvoyer.

Le docteur Z... trouva le moyen de se débarrasser en même temps de son malade et de son prisonnier. Il fit cadeau de l'un à l'autre.

Le soldat rentra au corps par la belle porte; il ramenait une importante capture.

Le commandant fut reçu avec les égards dus à un homme qui a mis sa religion et sa conscience au-dessus du devoir militaire.

Peut-être, lorsque les fureurs de la guerre seront passées, le docteur Z... voudra-t-il lui confier l'éducation de ses enfants?

## XIV

### Le franc-tireur Philippe.

Les personnes qui allaient, il y a dix ans, dans ce qu'on appelle à Paris le monde des artistes, ne pouvaient manquer de connaître Jouault.

Cet homme, qui avait été dans sa jeunesse marchand de nouveautés en province, s'était hâté d'abord de gagner quelque argent, puis de liquider sa modeste situation, et enfin d'accourir à Paris avec une idée fixe de devenir l'ami, mais l'ami familier, intime, nécessaire, de quelques grands artistes.

Son extérieur ne répondait pas à ses appétits ; il n'avait pas ces façons qui imposent, ou cette bonne mine qui invite à l'accueil. Des manières vulgaires, un visage ingrat rendent difficiles des relations qui s'établissent dès le début sur une impression favorable.

Mais Jouault était si bon ! Il avait un si grand besoin de dévouement, un si vif désir de se rendre indispensable! Il réussit à se faire admettre dans un salon élégant, mais un peu *mêlé*, où se réunissaient, une fois par semaine, des gens de tous les mondes. Il put y faire valoir ses hautes qualités et ses services intelligents.

Jamais un mot dans la conversation, un sourire constant et une admiration perpétuelle et discrète pour l'esprit des hommes et la beauté des femmes.

Parfois, il s'approchait de la maîtresse de la maison, recueillait un mot qu'elle lui confiait à l'oreille. On voyait sortir et rentrer Jouault : le thé était servi.

Puis, à la sortie, on trouvait le vestiaire soigneusement étiqueté, et les voitures ne manquaient jamais à la porte. Il se chargeait des invitations, des lettres ennuyeuses; il assistait aux mariages et aux enterrements pour les amis indisposés. Il portait des cartes cornées aux adresses indiquées. Bref, il avait la procuration de la maison pour les courses et corvées de toute nature.

Son aptitude le fit remarquer, et, de présentation en présentation, de succès en succès, il parvint à conquérir quatre salons d'artistes. Il était en pied chez mesdames Taglioni et Arnould-Plessy, chez MM. Legouvé et Rossini.

Heureux Jouault! Il pouvait se présenter partout; il avait une clef qui ouvrait toutes les portes :

— Je viens de la part de madame X..., mon amie.

— Mon ami, M. Z..., m'a prié de passer chez vous pour...

Il avait ses jours de véritable gloire. De temps en temps Rossini, qui ne sortait jamais le soir, voulait prendre l'air sur l'asphalte du boulevard des Italiens.

Jouault passait tous les matins rue de la Chaussée d'Antin, n° 2, pour prendre des nouvelles du maëstro. Il était prévenu. Il se trouvait là à l'heure dite, et prenait le bras de son ami.

Rossini n'avait à se préoccuper de rien : « Maître, on vous salue à droite. — Maître, voici M. un tel. — Maître... » Il n'avait pas d'autre conversation, et durant cette promenade, qui était toujours la même, l'esprit du grand compositeur pouvait à loisir se détendre et se reposer.

Certes Rossini devait, dans son testament, un souvenir à son fidèle Jouault. Mais le petit mourut quelques mois avant le grand, et si le nombre de ceux qui l'accompagnèrent à sa dernière demeure ne fut pas considérable, toujours est-il que l'ami des artistes ne fut pas oublié par ceux et par celles qui l'avaient honoré de leur affection.

Jouault ne pouvait pas être et ne fut pas remplacé, mais s'il n'existe pas, dans de certaines carrières, des successeurs immédiats, on peut rencontrer quelquefois des *types à côté*.

J'ai vu souvent à Paris un jeune homme qui me rappelait le regretté Jouault.

Quand il fréquentait une maison, on pouvait être sûr qu'il s'y montrait utile.

Ses aptitudes personnelles le rendaient même plus propre que son prédécesseur à opérer dans des salons artistiques. Il était musicien; il connaissait tous les pianistes et tous les chanteurs de Paris.

Fallait-il improviser une soirée? Philippe pouvait amener à domicile un nombre quelquefois exagéré d'exécutants plus ou moins célèbres.

Un accompagnateur manquait-il au dernier moment? Philippe était là.

La partie d'harmonium, dans le prélude de Bach, était-elle réclamée? Philippe la savait par cœur.

Voulait-on, séance tenante, la musique d'un couplet de circonstance, Philippe l'écrivait, le faisait chanter ou le chantait.

Demandait-on une charade, une comédie de société? Philippe.

Se trouvait-il dans la pièce un rôle, deux rôles que personne ne voulait accepter? Philippe, Philippe.

Enfin les jeunes personnes désiraient-elles, à la dernière heure d'une soirée, faire un tour de valse ou de polka? M. Philippe, Philippe, Philippe! Et M. Philippe se jetait sur le piano et jouait le morceau demandé dans un mouvement imperturbable.

Je ne pensais pas plus à Philippe qu'à Jouault quand je rencontrai, dans une rue de Besançon, un petit franc-tireur breton qui ressemblait, à s'y méprendre, à la *grande utilité* que je viens d'esquisser.

Je tournai autour de lui avec curiosité.

— Vous me reconnaissez donc? me dit-il.

— Certainement, et c'est ce qui m'étonne : Philippe, franc-tireur et Breton?

— Franc-tireur d'état, et Breton de cœur.

— Mais pourquoi et comment?

— Vous savez, me répondit-il, que j'ai toujours été dévoré du désir d'être utile. Or, que voulez-vous que fasse un mondain tel que moi quand il n'y a pas un salon d'ouvert à Paris? L'été, je consens à rester inactif; mais dès que revient la fin de l'automne, j'ai soif de Paris, et je puis ajouter, sans trop de présomption, que Paris a besoin de moi.

Je parle du Paris que nous avons connu dans le bon temps.

Mais, cette année, que faire? Je me trouvais, au

commencement de la guerre, au château de ....., en Bretagne. Nous étions installés là comme des princes, le comte et la comtesse de P..., leurs trois filles, leurs deux fils et moi, sans compter les voisins et amis, qui habitaient ou fréquentaient assidûment la maison.

Nous menions l'existence la plus douce. On se promenait le jour, on faisait de la musique le soir et on dansait une partie de la nuit.

A partir de la fin d'août, toute cette gaieté s'était envolée; on attendait les journaux avec impatience, on les lisait avec avidité; on n'avait pas de nouvelles, on s'en plaignait; puis, quand les nouvelles arrivaient, on était désolé de les avoir reçues.

Un soir, le comte dit à sa femme : « Alice, ne vous inquiétez pas : je pars après-demain avec vos deux fils; nous nous engageons tous les trois dans les francs-tireurs. Toute observation serait inutile. Nous avons signé pour la durée de la guerre. »

La comtesse ne répondit pas un mot, elle se leva, fit un signe à ses filles, et les quatre femmes allèrent s'agenouiller dans la petite chapelle du château.

Je restai avec les trois volontaires, et je ne me permis aucune réflexion. L'horloge du salon sonna minuit, et nous nous séparâmes sans échanger une parole.

Dans ma chambre, je me mis à songer. Le comte n'avait fait aucune allusion au rôle que je tenais chez lui; mais quelle estime pouvait-il faire d'un homme, dans la force de l'âge, qui n'avait rien à sacrifier à son pays?

Je me disais : Voilà un vieux légitimiste qui part, avec ses deux fils, pour servir un gouvernement qu'il déteste; et moi, qui n'ai pas de famille et qui me suis toujours donné pour un libéral, je resterais chez lui inactif et seul avec les femmes! Et quand je serai de retour à Paris et qu'on me dira : « Où étiez-vous, que faisiez-vous pendant la grande guerre? » je serais donc forcé de répondre : « J'étais bien tranquille à la campagne; je jouais des charades et je tapotais des polkas sur le piano? » Non! mille fois non!

Dès le matin, j'allai retrouver le comte dans son cabinet. Il étudiait des cartes géographiques. Je lui demandai s'il ne pourrait pas me faire admettre dans sa compagnie? Il m'enrôla sur l'heure, et voilà comment je suis franc-tireur breton.

Pour être tout à fait sincère, je dois ajouter que je nourrissais un secret espoir : il me semblait qu'un jour ou l'autre cette légion devrait avoir sa musique et que j'en serais naturellement le chef.

Cette idée n'a pas eu de suite. L'uniforme a fait de moi un soldat, la bataille en fera peut-être un héros. Et quand tout sera fini, quand Paris sera redevenu lui-même, je me promets un plaisir enfantin, mais légitime : je veux aller en soirée avec mon costume de franc-tireur breton; et à ceux qui m'interrogeront je répondrai :

— Et moi aussi j'ai voulu faire quelque chose pour mon pays.

## XV

### Les bonnes intentions de Fritz.

On prétend qu'après la bataille de ....., le prince royal de Prusse, le bon Fritz, en voyant le champ de carnage, aurait dit : « Si jamais je suis roi, je ne ferai pas la guerre. »

Cette parole était bonne; mais est-elle suffisante? Voilà un jeune homme bien élevé, la joie et l'orgueil de M. Guillaume et de madame Augusta. Peut-être a-t-il été un peu gâté par ses excellents parents. Son père est un vieillard orné, je le sais, d'un grand casque, mais rendu accessible, par son âge, aux idées de repos et de retraite; sa mère est une sainte femme confite en religion, s'occupant des blessés, consolant les affligés, et ce beau et bon jeune homme, placé entre deux augustes personnages dont il est l'idole, ne peut pas profiter de son ascendant pour leur dire :

« Je sais bien que c'est pour moi que vous consentez à oublier vos sentiments d'humanité et à sacrifier tous les jours quelques milliers d'hommes. Je vous en remercie. C'est bien, mais c'est cher. Maintenant, reposons-nous. »

Ce serait bien simple, il me semble, et l'Europe et le monde lui seraient reconnaissants de ses bonnes intentions passant ainsi à l'état de faits.

Mais les princes ne sont pas accoutumés à voir les choses avec les yeux des gens naïfs.

Le champ de bataille est pour eux un spectacle égayé par l'éclat des armes, le son des trompettes et le tonnerre de l'artillerie. On se couronne de lauriers, on dîne très-bien aux frais des vaincus, et on couche à Versailles dans la chambre de Louis XIV.

Quand on rencontre les victimes de son ambition, les morts et les blessés, on les salue avec grande pitié, on les admire avec componction, et on fait un retour sur soi-même en songeant à sa propre immortalité.

Les conquérants sensibles feraient bien de se soumettre à une expérience facile et instructive.

Je leur propose de passer une nuit (ils n'en passeraient pas deux) dans le dortoir d'une ambulance. Ils se coucheraient dans un bon lit (je leur fais cette concession), entre deux tronçons humains amputés, l'un des deux bras, l'autre des deux jambes.

Ils consentiraient par humanité à se lever dix fois pour subvenir aux besoins de ces malheureux, le manger, le boire, et le reste.

Je vous jure que ces quelques heures ne seraient pas perdues.

J'ai connu, ou plutôt je connais un des pauvres amputés dont je veux parler. Il était garde mobile au bataillon des Vosges.

Au combat de Cussey, il a reçu deux éclats d'obus aux bras, et la double amputation a été jugée nécessaire.

Pendant quelques jours, sa vie a paru en danger; mais enfin on a pu lui dire :

— Vous êtes sauvé.

— Ah! tant mieux, a-t-il répondu, parce que...

— Parce que vous vivrez, mon ami.

— Non, non, ce n'est pas cela que je veux dire. Je suis content parce que...

— Parlez donc!

Il fit un grand effort sur lui-même, et reprit à voix basse et en fermant les yeux :

— Parce que mademoiselle Henriette aurait pu croire que je l'avais oubliée.

— Qu'est-ce donc que mademoiselle Henriette?

— Ah! voilà : je devais l'épouser; ses parents me l'avaient promise, et j'avais même reçu son anneau, que je portais à ma main gauche. Mais puisque je n'ai plus de bras, je n'ai plus de mains, et alors, son anneau...

— Nous l'avons conservé, et le voici.

Nous vîmes deux grosses larmes couler de ses yeux, et il baisa religieusement l'anneau qui lui fut présenté. Un de nous lui dit :

— Que devons-nous en faire?

— Laissez-moi réfléchir, répondit-il, je vous le dirai demain.

Le lendemain, j'allai trouver mon pauvre voisin :

— Eh bien, avez-vous réfléchi? Que puis-je faire pour vous?

— J'aurais voulu écrire à mademoiselle Henriette. J'ai toute ma lettre dans la tête; mais comment voulez-vous...?

Et il me montrait ses deux moignons.

— Attendez, lui dis-je, j'ai là du papier, une plume et de l'encre.

— Merci, monsieur, c'est ce que je voulais.

J'écrivis alors sous sa dictée :

« Mademoiselle Henriette,

» Je me suis bien battu et j'ai perdu mes deux bras. Un, ce ne serait rien, mais deux, c'est trop. Je n'ai plus le droit de vous aimer, quoique je vous aime toujours. Je vous rends votre parole et votre anneau, que je ne peux plus porter. Vous en épouserez un autre; mais je vous prie d'attendre six mois, afin que je puisse me faire à cette idée, et surtout que ce ne soit pas François B... Après cela, vous pouvez épouser celui que vous voudrez, excepté aussi Paul F..., et vous oublierez celui qui ne vous oubliera jamais.

» *P. S.* Dites à ma mère que je n'ai perdu qu'un bras et que je vais très-bien.

» Un de ces messieurs vous écrit pour moi. Vous comprenez pourquoi je ne signe pas.

» JOSEPH-ÉMILE S...,
» pour la vie. »

Monsieur Fritz, vous êtes jeune, vous êtes bon. Mademoiselle Henriette habite un territoire conquis par vos armes. Ne lui ferez-vous pas parvenir la lettre du pauvre fiancé?

## XVI

### Dire et faire.

La maison était pleine d'enfants. C'est à la campagne, dans un département voisin de la Savoie, à l'époque de la guerre. Il y avait là cinq petites filles et quatre petits garçons, tous de la même famille. Supposez qu'une tempête éclate sur une forêt peuplée d'oiseaux; un nid se trouve plus abrité que les autres; alors les frères, les sœurs et les cousins se rassemblent dans cette retraite oubliée par l'orage.

Donc les pères étaient restés chez eux, au poste ou au péril. Ils avaient renvoyé leurs femmes et leurs enfants chez l'oncle Théo. Celui-ci est un homme de trente-cinq ans. Sa part d'enfants est de trois. Sa femme est avec lui, ainsi que ses deux belles-sœurs. Total : un homme, trois femmes, neuf enfants.

C'était, on le sait, à l'époque de nos désastres.

Les enfants ne comprennent pas bien les soucis

de l'âge viril, et les malheurs de la patrie sont pour eux semblables aux autres douleurs. Ils pleureront en voyant pleurer leur mère; mais, une minute après, ils n'y penseront plus. Des oiseaux!

Cependant, tous les soirs, ils faisaient taire leur babillage, au moment où un exprès, envoyé à la ville, apportait le journal du département.

L'instant était solennel. Avec quelle angoisse on développait le papier humide, avec quelle curiosité inquiète tous les yeux couraient aux dernières dépêches, et de quelle voix altérée le lecteur annonçait les bonnes nouvelles, qui devaient être démenties, et les mauvaises, qui devaient être confirmées!

Puis les femmes poursuivaient silencieusement leur tâche de couture ou de crochet, les enfants reprenaient le jeu interrompu, et l'homme restait accablé ou marchait à grands pas en murmurant parfois : « Il faudra partir! il faudra partir! »

On arrive ainsi au mois d'octobre.

Un soir, au milieu des dépêches anxieuses, le journal donna cet avis : « Le citoyen Sombernon, vigoureux républicain, vient d'être envoyé par le gouvernement de Bordeaux pour organiser et pousser la défense nationale dans notre département. »

« Sombernon! s'écria Théo, Anatole Sombernon, je l'ai connu. Nous avons fait notre droit ensemble. Républicain? oui; ils l'étaient presque tous. Vigoureux? non. C'est un garçon entreprenant, enthousiaste, capable de dévouement surtout envers lui-même, plus remuant qu'actif, plus verbeux qu'éloquent, plus brillant que distingué. C'est un esprit vif dans une intelligence limitée. S'il est dans le pays, il viendra me voir... Après cela, une visite ici pourrait le compromettre; puis il est sur la route du pouvoir, dont il a soif, et de la fortune, dont il a besoin. Quand on a tant à penser à soi, on oublie vite les autres! Non, il ne viendra pas. »

Le lendemain matin, la voiture qui fait la correspondance du chemin de fer s'arrêtait devant la porte de la villa, et on en voyait descendre un petit homme mis avec une certaine recherche.

Ce personnage était maigre, sec, anguleux. Il avait l'air d'avoir été serré très-longtemps dans une boîte privée d'air. Sous un habit noir, assez râpé quand il était vu de près, s'étalaient les deux revers d'un gilet blanc, qui semblait faire remonter son jeune propriétaire à l'âge de notre première république. Seulement il arrivait un peu tard en saison, et l'humidité de l'air avait altéré la rigidité de ses pointes.

— Sombernon, c'est toi! Sois le bienvenu. Que puis-je t'offrir? Veux-tu te reposer un moment?

— Je ne me repose jamais.

— Veux-tu prendre quelque chose?

— Je ne mange pas.

— T'asseoir dans le salon?

— Je ne m'assieds plus.

— Je ne puis te présenter encore à ma femme et à mes belles-sœurs; mais, en attendant leur lever, nous pouvons faire un tour de jardin. Tu passes au moins toute la journée avec nous?

— Je ne prends pas d'engagement; je suis une dépêche volante, et en me recevant, tu donnes l'hospitalité à un éclair.

Ils entrèrent bras dessus bras dessous dans le jardin. Les enfants étaient alignés deux par deux sur quatre rangs, et l'aîné des garçons marchait en tête, tenant à la main un drapeau tricolore de papier. Ils chantaient tous ensemble :

Voilà mon drapeau, c'est bleu, blanc, rouge;
Voilà mon drapeau, rouge, blanc, bleu.

— C'est très-bien, dit Sombernon. Ils ont déjà du patriotisme. Montre-moi tes enfants, mais sans les déranger; tu comprends que je ne dois froisser en rien la discipline militaire.

— Voici, répondit Théo, mon fils et mes deux filles; les autres sont mes neveux et nièces.

— Ils sont tous très-gentils, très-gentils, surtout les tiens.

Et les deux amis poursuivirent leur promenade,

pendant que les enfants chantaient en continuant leur exercice :

Chacun à son rang ! Celui qui bouge
Reçoit une tape et sort du jeu.
Voilà mon drapeau, c'est bleu, blanc, rouge;
Voilà mon drapeau, rouge, blanc, bleu.

Que les émigrés soient à Carouge
Quand les francs-tireurs marchent au feu.
Voilà mon drapeau, c'est bleu, blanc, rouge;
Voilà mon drapeau, rouge, blanc, bleu.

— Ma foi, dit Sombernon, je ne sors pas de mon caractère en venant te voir, car je puis croire que je fais ici de la propagande militaire.

— Eh bien, mon pauvre ami, qui nous eût dit, il y a quinze ans, quand nous étions ensemble à Paris, que nous verrions tant de désastres et tant de ruines ?

— C'est la faute de...

— Oui, de lui et des autres, et de bien d'autres encore.

— Mais tout n'est pas perdu.

— Que le ciel t'entende !

— Nous avons la République, qui doit nous sauver.

— Alors que ta République vive !

— Oui, nous vous sauverons malgré vous. Je dis

*vous,* parce que je crois bien que tu n'es pas des nôtres. Tu vis à la campagne, en famille, dans ta propriété; et puis je me souviens que, même étant tout jeune, tu avais déjà les idées vieillottes et les opinions surannées.

— Pardon, je suis resté fidèle à d'anciennes affections qui sont trop respectables pour être défendues; mais je suis de mon pays avant d'être de mon parti, et je suis prêt à servir *ta* république, et même celle de Flourens, si elle doit sauver notre honneur.

— Ne confondons pas : c'est la mienne qui est la bonne.

— Alors je sers la tienne.

— Nous faisons de grandes choses; nous levons un million d'hommes. Tel que tu me vois, je frappe du pied la terre, et il en sort des soldats.

— Tu es donc devenu un homme de guerre?

— Pourquoi pas? Quoique tu aies fait ton droit, et peut-être parce que tu as fait ton droit, tu as conservé quelque prévention contre les avocats? Mais tu oublies donc que c'est la profession qui exige et qui donne les connaissances les plus étendues et les plus variées? L'avocat doit tout apprendre et tout savoir. Si j'ai plaidé pour un chapelier, je sais comment on fabrique un chapeau; pour un architecte? je puis construire une maison. Si je plaide un procès politique, je deviens un homme politique. Aussi, regarde : nous sortons tous du palais. Affaires étrangères, Intérieur, Guerre, Finances, avocats, avocats, avocats, avocats! Tant pis pour les discrets et les modestes! Nous avons la parole pour nous faire connaître, et l'intelligence pour nous soutenir. Nous sommes les chefs et les maîtres. Oui certes, je suis un homme de guerre. Je ferais aussi bien un administrateur, un financier ou un diplomate. Je manie la plume et l'épée. Je fais des discours, des proclamations, des ordres du jour. Les lettres des généraux que tu lis dans les journaux, c'est moi qui les rédige. Je distribue les nouvelles, je leur donne le style et l'accent. En un mot, je fais du Gambetta. Tu frémis?

— Moi! pas du tout. J'avoue même que ton Gambetta me va assez. J'aurais préféré qu'il fût nommé par la nation; mais, à cela près, l'énergie dont il fait preuve peut seule nous sauver.

— C'est un grand homme. Cependant il n'a pas plus de mérite que les autres. Il est notre porte-drapeau et nous le soutenons; mais j'en connais plus d'un qui serait capable de prendre sa place. Je n'aime pas à parler de moi, tu le sais; cependant je crois, sans vanité, que je ferais et que je fais autant que lui. J'organise des armées; je fais fondre des canons et des fusils, j'en fais acheter en Angleterre, en Suisse, en Amérique. Je dresse des plans, je pâlis sur les cartes, je fais de la stratégie.

Tout en causant ainsi, les deux promeneurs se retrouvèrent près des enfants, qui, cette fois, dansaient une ronde en chantant :

Des soldats
Pour la guerre,
J'en cherche et n'en trouve guère;
Des soldats,
Des soldats,
J'en cherche et n'en trouve pas.

— Ah! petits enfants, s'écria Sombernon, vous ne trouvez pas de soldats? Eh bien, moi, j'en fais. Oui, je parcours la France en disant : Levez-vous! sauvons notre mère ou sachons mourir avec elle! Que celui qui n'a pas de fusil prenne une faux, un bâton. Lâche est celui qui déserte le poste d'honneur! Que les femmes, que les enfants s'arment et marchent avec nous!...

— Bien, bien, mon ami, dit Théo avec des larmes dans les yeux, laisse les enfants, mais moi je suis là. Partons!

— Comment? partons!

— Oui; depuis longtemps j'hésitais, tu me décides, je vais m'engager avec toi.

— Avec moi? Comment l'entends-tu?

— Sois officier, je serai soldat.

— Mais tu as trente-cinq ans.

— Comme toi.

— Mais ta femme, tes enfants?

— Je quitterai tout. Je te suis.

— Mais je ne pars pas, moi.

— Comment?

— J'ai trente-cinq ans.

— Comme moi. Ne disais-tu pas : Lâche est celui qui déserte!... Que celui qui n'a pas de fusil...

— Mais ma femme, mes enfants?

— Je te croyais garçon.

— En effet; mais si je suis garçon, je puis me marier; si je me marie, j'aurai une femme; si j'ai une femme, j'aurai des enfants.

— Alors tu te bornes à recruter?

— N'est-ce pas assez?

— Tu fais des soldats, mais...

— Mais je n'en suis pas.

— Eh bien, moi, je n'en fais pas, mais j'en suis.

— C'est très-bien, très-bien, très-bien! A quelle heure passe la voiture qui correspond avec le chemin de fer?

— La voici justement devant la porte.

— Je la prends. Conducteur, conducteur!

On traversa encore le groupe des enfants qui se trouvaient dans la cour. Théo leur dit en passant :

— Mes enfants, quand vous chanterez votre ronde des soldats, au lieu de dire au dernier vers :

J'en cherche et n'en trouve pas,

vous direz à l'avenir :

J'en fais, et je n'en suis pas.

Et pendant que Sombernon se hissait dans le coupé de la voiture, les voix enfantines lui criaient à percer le tympan :

Des soldats  
Pour la guerre,  
J'en cherche et n'en trouve guère;  
Des soldats,  
Des soldats,  
J'en fais, mais je n'en suis pas.

## XVII

### Le cas de Richard Wagner.

Le roi de Bavière aime la musique de Richard Wagner. Si ce goût n'est pas dans l'ordre de la nature, il est du moins dans l'ordre des faits, et je le sais partagé par un certain nombre de personnes d'un jugement presque sain.

Mais parce qu'on aime les œuvres d'un compositeur et le compositeur lui-même, ce n'est pas une raison pour faire de lui son ministre dirigeant, et le généralissime de toutes ses armées. Or, si c'est à Richard Wagner que nous devons la guerre et le siége de Paris, nous allons le démontrer surabondamment.

On se souvient de la chute exemplaire du *Tannhauser* à l'Opéra de Paris; mais on ne sait pas tout.

Les échecs dramatiques sont toujours attribués à la cabale, par les auteurs du moins, et plus la chute a été éclatante, plus elle fait reconnaître l'effort de l'ennemi, et par conséquent la puissance de l'ouvrage attaqué.

La colonie allemande de Paris, qui était très-dévouée à ses nationaux, ne prit pas son parti de l'affront infligé à l'art germanique, et elle tenta une revanche.

Il fut décidé que le *Tannhauser,* joué à l'Opéra devant un public ignorant et prévenu, serait représenté dans un salon privé, devant l'élite de la société étrangère... et même parisienne : il fallait bien admettre des Français dans cette cour souveraine, puisqu'on voulait imposer à la France l'ouvrage et le compositeur. Seulement on ne voulait que des juges bienveillants.

Il ne s'agissait pas de critiquer, mais d'applaudir, et la comtesse de L..., chez qui devait se donner la fête expiatoire, avait soin de prévenir que la justice était inutile, et que l'indifférence serait coupable.

L'exécution eut lieu au jour dit. Madame Viardot, et un ténor dont j'ai oublié le nom, chantèrent la partition avec une conscience parfaite, et le public épuré se comporta très-courtoisement.

A la fin de chaque morceau, toutes les mains se joignaient pour produire ce qu'on appelle un applaudissement prolongé.

Plusieurs fois même, sur un signe encourageant de la maîtresse de la maison, la salve fut répétée.

Les artistes saluaient, et les spectateurs tournaient les yeux vers le fond de la salle, où Wagner acceptait, avec une satisfaction modeste, son modeste succès, comme la terre altérée par une longue sécheresse recevrait un brouillard qui cherche à se résoudre en pluie.

A la fin de l'ouvrage, quelques personnes pressées se levèrent, pour ne pas prolonger une séance assez fatigante. On se retirait froidement enchanté.

Les artistes, qui ne se trompent jamais, au fond, sur l'effet qu'ils ont produit, trouvaient que les bravos avaient été assez discrets; mais ils attribuaient, comme toujours, cette réserve à l'élégance du lieu et à la distinction des auditeurs.

Cependant un diplomate étranger, mais non Allemand, qui avait l'honneur de connaître madame Viardot, lui demanda l'air de la *Somnambule*.

— Oui, oui! crièrent cent voix.

Madame Viardot s'élança au piano, et entonna le chant simple du simple mélodiste Bellini.

C'est cette fois que le nuage se résolut en pluie.

Trépignements sans fin, bouquets jetés, c'était du délire, c'était l'oubli de toutes les convenances glaciales du grand monde! On redemandait le morceau, et encore, et encore!

Wagner ne pouvait s'y méprendre : la petite musique avait fait oublier la grande.

Bellini devenait le héros de la soirée.

Une fort jolie femme, la baronne de B..., connue

pour sa naïve franchise, dit à la maîtresse de la maison, en prenant congé d'elle :

— Votre fête a été charmante, car tout est bien qui finit bien.

Enfin un des auditeurs, rencontrant un de ses amis dans la cour de l'hôtel, lui cria :

— Parfait, sublime, divin !

— Quoi donc? l'air de l'*Étoile?* le duo....

— La cavatine de la *Somnambule!*

Le procès Wagner, jugé en première instance, n'avait pas été cassé en appel.

Wagner, qui avait déjà trouvé le moyen de concilier ses opinions démocratiques avec l'amitié effective et féconde d'un monarque, quitta Paris, et il retrouva à Munich la rude existence des cours et la frugale hospitalité des rois. Il avait gardé au fond du cœur le trait empoisonné. Il avait juré de se venger; il se vengea.

Il n'ignorait pas, personne de l'autre côté du Rhin ne pouvait l'ignorer, que depuis longtemps la Prusse se préparait à une guerre contre la France. Elle n'en faisait pas mystère, et il fallait que notre diplomatie portât un bandeau bien épais pour ne pas voir ce qui sautait à tous les yeux.

La Prusse avait à sa tête trois hommes, qui représentent l'esprit militaire, la fourberie et la prudence. J'ai nommé le roi Guillaume, Bismarck et de

Moltke. On voit que dans la balance le côté rusé l'emporte sur le côté violent.

Pour s'engager dans la lutte, les trois compères voulurent avoir pour eux la Bavière, le Wurtemberg, la Hesse, la Saxe, le duché de Bade, etc., mais surtout la Bavière.

Or, comment pouvait-on supposer que ces États, qui venaient d'être traités d'une si rude façon par les soudards du Nord, consentiraient jamais à s'allier à leurs oppresseurs? C'était une tentative insensée que de les liguer contre la France, qui pouvait seule leur porter secours sans leur porter ombrage.

S'ils étaient avec nous, ou seulement s'ils restaient neutres, la guerre était écartée. Mais où aurait échoué la perfidie de Bismarck, devait réussir la haine de Wagner.

Le roi de Bavière était hésitant. Il aurait dû comprendre que l'agrandissement de la Prusse équivalait à l'amoindrissement de la Bavière. Mais les monarques ne sont pas toujours clairvoyants, et l'amitié est souvent aveugle. Wagner entraîna le roi, le roi entraîna la Bavière; la Bavière le Wurtemberg, le Wurtemberg la Hesse, etc., etc.

Quant au petit grand-duché de Bade, il était déjà entraîné.

Et voilà comment le roi de Bavière a remis entre

les mains de son cher ami les destinées de sa couronne, de son peuple et de ses armées.

Pour Wagner, son dessein est ingénieux : il veut rentrer à Paris en triomphateur et faire jouer ses ouvrages au nouvel Opéra.

Que si quelqu'un demande la preuve de ce que je viens d'avancer, je répondrai ceci : « Il n'y a qu'un compositeur et un compositeur irrité qui puisse concevoir et inspirer de telles inepties. Si ce n'est pas un autre, c'est lui. »

C'est ce qu'on peut appeler une démonstration par l'absurde.

## XVIII

### Le flageolet du sergent.

Parmi les blessés qu'on avait transportés à l'ambulance lyonnaise de Saint-Ferréol, se trouvait un jeune garçon particulièrement intéressant. Il était cultivateur aux environs de Plombières, et la guerre l'avait fait sergent dans les gardes mobiles des Vosges.

Les camarades (nous avions plusieurs blessés de ces bataillons) ne parlaient du sergent Jules-Constant F... qu'avec une certaine déférence, et même quelquefois avec une véritable tendresse. Il avait reçu deux coups de feu, partis, sans doute, d'une fenêtre ou d'un tertre élevé, car les deux balles avaient traversé l'épaule droite de haut en bas, et l'une des deux avait atteint la colonne vertébrale.

Malgré la gravité de ses blessures, il ne poussait pas une plainte. A l'abbé V..., qui lui offrait les consolations de la religion, il répondait :

— Non, merci; je vais bien. Je guérirai bientôt,

et je veux retourner à la bataille. Je reconnaîtrai celui qui m'a touché. Il étaient au moins dix, mais je les reconnaîtrai tous. Monsieur l'abbé, est-ce que vous défendez, vous, de danser le dimanche?

— Mais, mon enfant...

— Après vêpres, bien entendu?

M. l'abbé V..., qui connaissait mieux que le blessé la gravité de sa situation, ne parvenait pas à l'amener sur le terrain délicat de la confession.

— Voyons, mon garçon, cela ne vous fera pas mourir. Au contraire, vous serez en paix avec vous-même, et peut-être en guérirez-vous plus vite.

— Oh! oui, ils étaient au moins dix. Attention! les voilà, là-haut! Nous allons les faire danser! En avant les quat-s'autres!

Tous les matins on faisait, à huit heures et demie, la visite et le pansement des blessés.

C'est une heure pénible pour ces malheureux dont on ravive les souffrances, et qui sont, en outre, témoins des souffrances de leurs voisins. Un jour, on entendit sortir de ce concert de notes douloureuses le son égrillard d'un flageolet.

Était-ce une noce de village qui passait sous nos fenêtres?

Non : guidés par l'oreille, nous arrivâmes au lit du jeune sergent. Il s'était mis sur son séant, et soufflait de tous ses poumons dans le joyeux instrument.

Il s'arrêtait pour commander les figures d'un quadrille imaginaire, et reprenait le chant interrompu. Tant de gaieté au milieu de tant de douleur produisait une impression touchante et triste.

Peu à peu le chant du flageolet se ralentit, prit une modulation mélancolique, et finit par s'éteindre sous un dernier souffle. Le sergent était mort.

On réunit les divers objets qu'il portait sur lui, une bague d'argent, une petite bourse contenant vingt-sept francs et un flageolet.

On écrivit à sa famille que le tout était déposé en lieu sûr, au couvent de Saint-Ferréol.

La lettre a été adressée au Val d'Ajol, près de Plombières.

Est-elle arrivée à sa destination?

## XIX

### Un voyage en temps de guerre.

Le 5 janvier 1871, quelques-uns des nôtres, qui se trouvaient en congé à Lyon, furent appelés à l'armée de l'Est. J'étais du nombre de ceux qu'on envoyait ainsi du côté de Belfort.

Nous prîmes le chemin de fer pour Besançon. Mais, en ce temps-là, il était plus facile de partir que d'arriver. De toutes parts affluaient les gardes mobiles, les soldats, si on peut appeler ainsi des jeunes gens, des enfants mal équipés, mal armés, qui ne se soutenaient qu'en chantant la *Marseillaise* et *Mourir pour la patrie*.

A Ambérieux, la gare était encombrée de malades et de souffreteux. La femme qui tient le buffet nous montra dans un coin deux pauvres garçons, vêtus d'un uniforme gris, qui grelottaient la fièvre et semblaient attendre la mort. Elle nous dit que si nous pouvions donner un billet d'hôpital à ces deux malheureux, elle se chargerait de les réchauffer, de les réconforter, et de les conduire à la ville. Un de nos chirurgiens s'empressa de donner les billets demandés, et la bonne femme tint à honneur de tout faire à ses frais. Quand vous passerez par la gare d'Ambérieux, vous pourrez trouver que le buffet n'y est pas bien tenu, mais vous pourrez savoir qu'il est tenu par une femme de bien.

A Lons-le-Saulnier, nous fîmes une longue station. Il faisait un froid de dix à douze degrés. Nous entrâmes dans la salle d'attente pour nous dégourdir auprès du poêle, et nous y fûmes témoins d'une scène assez comique, qui a son côté sérieux.

Toutes les personnes qui habitent Paris ou qui l'ont habité, ou qui l'ont visité il y a cinq ou six ans, ne peuvent pas manquer de se rappeler le fameux Sothern. Jamais homme, fût-il Américain ou Anglais, ne mania la réclame avec plus de dextérité. Un beau matin, la ville se trouva inondée de portraits qui représentaient un particulier à l'air insolent, portant un lorgnon dans l'œil, et comptant quelque chose sur ses doigts. A toutes les vitrines, à tous les étalages de limonadiers, de fruitiers, de merciers, de bonnetiers, on voyait toujours cette tête, ce lorgnon et ces doigts, et partout : « Sothern, Sothern, Sothern. »

On a su depuis que cet illustre Sothern était un acteur anglais qui désirait rendre son nom populaire avant de donner ses représentations. Il eût parfaitement réussi s'il s'en était tenu à cette publicité. Son nom devenait légendaire. Mais il eut l'imprudence de jouer, et la réalité de son échec dissipa l'illusion de sa gloire. Les portraits rentrèrent dans l'ombre. Sothern partit en maudissant le public français et ne fit plus parler de lui, du moins chez nous.

Quelle ne dut pas être la surprise d'un Parisien qui, cherchant un refuge, la nuit, en plein hiver, en pleine guerre, dans la gare de Lons-le-Saulnier, aperçoit dans un cadre, à l'endroit le plus apparent, un portrait d'homme lorgnant et comptant, dans lequel il ne peut s'empêcher de reconnaître Sothern? Qu'est-ce à dire? Est-ce que le fugitif annoncerait son retour? Mais pourquoi dans un pareil moment? et pourquoi à Lons-le-Saulnier?

Nous regardions avec stupéfaction ce visage qui nous regardait avec impudence. Il avait été détaché du cadre des annonces et se tenait debout sur la cheminée comme une glace non fixée. Un de nous le prit, et, sans penser à mal, le retourna. Alors ce fut une explosion générale de rires. En effet, tandis qu'on voyait d'un côté du tableau Sothern grimaçant, on pouvait lire à l'envers :

CHOCOLAT IMPÉRIAL.

N. L. BREVETÉ (s. g. d. g.)

FOURNISSEUR DE LL. MM. L'EMPEREUR NAPOLÉON III

ET L'IMPÉRATRICE EUGÉNIE.

Nous comprîmes alors que, pour cette fois, Sothern jouait les *doublures*. Sa réapparition dissimulait une retraite. On aimait encore mieux montrer Sothern que l'empereur. On était moins honteux du verso que du recto. Et voilà comment les modes anciennes reviennent et comment les nouvelles s'en vont.

Nous quittons enfin Lons-le-Saulnier, et nous arrivons bientôt à Mouchard. Au lieu de nous diriger sur Besançon, nous allons à Dôle, où nous avons l'espoir de rencontrer quelques-uns des nôtres. Détour inutile : ils étaient partis.

Nous trouvons à Dôle des troupes qui depuis plusieurs jours stationnent en gare, attendant un train pour Besançon. D'une ville à l'autre, il y a une distance qu'on pourrait à la rigueur franchir en une seule étape. Mais le moyen de faire marcher des soldats quand on a un chemin de fer sous la main! On perdra une semaine plutôt que de marcher un jour.

A Labarre, la circulation des trains est tout à fait interrompue. On met pied à terre; on allume des feux pour bivouaquer. C'était la nuit, car depuis vingt-quatre heures déjà nous avions quitté Lons-le-Saulnier. Dans l'ombre, on apercevait les jeunes soldats piétinant les vignes et arrachant les échalas. Pauvre armée! Avec le bois maraudé on faisait des fagots, et sur ces brasiers sinistres on faisait flamber des morceaux de viande piqués au bout des sabres ou des baïonnettes.

De temps en temps, on voyait accourir à la gare une femme éplorée qui réclamait son poulet ou son lapin enlevé, sans doute par mégarde, avec les échalas.

Pour tuer le temps, on arrêtait un espion. On en voyait partout. Celui-ci était un ouvrier mécanicien employé à la gare de Dôle, qui avait contre lui un fort accent alsacien. On lui demande son permis de parcours. Il n'en a pas. On interroge le chef et les employés de la gare :

— Les ouvriers de l'administration ont-ils le droit de parcourir la ligne sans autorisation?

— Non.

— Donc cet homme est en défaut?

— Oui.

— Et pourtant vous le connaissez?

— Nous l'avons vu quelquefois.

— Mais enfin il est en défaut?

— Oui.

— Le permis de parcours est indispensable?

— Sans doute.

Arrêté!

Et on met le compagnon dans un compartiment réservé.

Nous causons de l'incident avec le chef de gare. L'un de nous lui dit :

— Quand vous circulez, vous ou vos employés, sur la ligne, vous vous munissez donc toujours d'un permis?

— Non, jamais!

— Comment, jamais? et vous laissez arrêter un pauvre diable pour une faute que vous commettez tous les jours?

Nous faisons répéter, devant l'officier qui avait ordonné l'arrestation, la réponse du chef de gare, et notre prisonnier est remis en liberté. Il n'en fallait pas plus que cela pour compromettre ou pour réhabiliter un homme. Par bonheur, le prétendu espion n'était pas encore fusillé.

Rien ne servait de se remettre en route : on faisait trois ou quatre kilomètres pour s'arrêter cinq ou six heures. Le matin nous étions à la station de Saint-Wit, sans savoir quand nous pourrions en sortir. Les plus impatients quittèrent le train et firent le reste de la route à pied. Ils arrivèrent à Besançon bien avant leurs compagnons de voyage. Le trajet de Lyon à Besançon avait pris plus de cinquante heures.

Mais nous devions aller plus loin, dans la direction de Villersexel. Il fallait trouver une voiture et des chevaux pour notre matériel et nos provisions.

Entreprise difficile. Nous avions, il est vrai, le droit de réquisition; mais où il n'y a rien, la réquisition perd ses droits.

L'un de nous finit par trouver, à l'*hôtel du Nord*, un omnibus désemparé, qui était employé d'ordinaire au service de la gare. Que faire d'un omnibus sans chevaux? Après plusieurs jours de recherches, on finit par découvrir deux de ces coursiers à épaisse encolure et à croupe arrondie, qui traînent les bateaux tout le long des canaux. La trouvaille avait son prix; nous en profitâmes immédiatement.

Dès la première heure, il nous fut facile d'apprécier que les chevaux ne convenaient pas à la voiture, ou que la voiture n'allait pas aux chevaux. En effet, à la montée, nos deux bêtes, sans s'être concertées, s'arrêtèrent en même temps. Elles avaient l'air de nous dire :

« Qu'est-ce donc que cela? Voilà que tout à coup le poids de notre chargement augmente d'une façon extraordinaire. Nous tirons, nous glissons, nous tombons, nous ne pouvons plus aller. »

Et de fait, avaient-ils tort? Sur les canaux, il n'y a pas de montée. Nous reconnûmes la justesse de leur observation, et nous mîmes pied à terre afin de pousser à la roue. Nos chevaux, ainsi allégés, reprirent leur allure paisible, et nous pûmes, au haut de la côte, réoccuper nos places d'intérieur.

Mais à l'autre versant, à la descente, ce fut bien une autre histoire. Quand ils sentirent la voiture aller plus vite qu'eux et s'appuyer sur leurs derrières, ils nous dirent encore :

« Qu'est-ce là ? Maintenant voilà que le poids que nous ne pouvions soulever tombe sur nous ! Jamais nous n'avons été poussés par nos bateaux. »

Ils s'appuyèrent l'un contre l'autre pour s'arc-bouter. Nous dûmes descendre encore, cette fois pour retenir au lieu de pousser notre véhicule. Nous arrivâmes ainsi au bout de notre premier kilomètre. Il ne nous en restait que trente-sept à faire, et nous étions à l'endroit le plus *doux* de la route.

A la montée suivante, nous fûmes obligés de recommencer, puis à la descente, puis à la remontée, et toujours, toujours, toujours.

Il gelait à pierre fendre, et nos roues *fringalaient*. Nous avions traversé deux villages sans pouvoir trouver un crampon ni un clou. A une descente plus forte, les quatre roues glissèrent en même temps, et notre omnibus alla chavirer dans un fossé. La glace l'empêcha de sombrer. Il fallut procéder au déchargement et au redressement. Nous ne pouvions guère aller plus loin. Il était deux heures du matin.

Nous aperçûmes une charrette, dont nous réveillâmes le propriétaire. Nous savions que le village de Larians devait être assez proche.

— L'ami, pouvez-vous nous dire si nous arrivons bientôt à Larians?

Le bonhomme comprit sans doute Lorient, car il nous répondit en bâillant :

— Oh! très-loin, très-loin! Lorient, c'est plus loin que chez moi, et je suis de deux cents lieues d'ici.

Nous finîmes cependant par trouver Larians, qui n'était pas si loin que cela.

Le lendemain, nous étions rendus à destination. Nous avions mis six jours et cinq nuits pour faire un trajet qui s'opère ordinairement en quinze heures.

## XX

### Rougemont.

C'est un point convenu que les Allemands connaissent bien mieux que nous la carte géographique de la France. Ils se sont préparés, dès l'enfance, à cette invasion savamment méditée. Ils ont étudié toutes les routes à suivre, toutes les positions à occuper.

Ce n'est pas le pur amour de la science qui les a poussés si loin dans la voie de l'enseignement. Non; ils apprennent la géographie et la stratégie comme les voleurs apprennent la serrurerie et la gymnastique, afin de procéder par effraction et par escalade.

Il n'y a donc pas lieu de s'étonner de leurs aptitudes pratiques. Ils connaissent toutes les ressources des villes, des villages et des hameaux qui sont sur leur ligne d'opération, ou qui s'en écartent assez peu pour qu'on puisse y grappiller en passant. Ils savent que telle commune est riche en grains, telle autre en bestiaux; qu'il y a dans cette maison une bonne cave, dans ce château de l'argent et de l'argenterie qu'on pourra se faire donner ou s'approprier, selon le caractère du possesseur.

Bref, ce sont des pillards qui connaissent à fond leur métier.

Je gagerais que la plus grande partie des citoyens français ignoraient, avant la guerre, l'existence de Rougemont, chef-lieu de canton du Doubs, situé à trente-huit kilomètres nord de Besançon.

Si les Prussiens y sont venus, c'est qu'ils avaient leurs raisons, et je ne mets pas en doute qu'il y eût là de quoi boire et de quoi manger. Ils y sont tombés le 26 décembre, n'allant nulle part, s'arrêtant là quelques jours comme des voyageurs qui, se dirigeant vers le midi de la France, feraient halte à Avignon pour aller visiter le pont du Gard ou la fontaine de Vaucluse. Ils commencèrent, bien entendu, par brûler une maison.

C'est toujours ainsi qu'ils procèdent. Un officier de vingt ans, un gentilhomme de Berlin, vit aux abords de la ville une tuilerie de bonne apparence et de moderne construction qui lui sembla bien propre à être détruite, et, le sourire aux lèvres, le cigare aux dents, il commanda le feu..., c'est-à-dire l'incendie.

On n'a rien à refuser à des gens qui entrent ainsi en matière. Toutes les maisons furent ouvertes, toutes les chambres disposées, tous les fourneaux allumés pour ces vainqueurs qui entraient ainsi dans une ville sans défense. Pendant dix jours ils menèrent joyeuse vie.

Je sais une maison où ils s'installèrent au nombre de dix officiers, soixante hommes et quatre-vingt-douze chevaux.

Jugez des ravages exercés par cent soixante-deux estomacs allemands! Ils furent pris d'un accès de galanterie : ils *invitèrent* la maîtresse de la maison à dîner chez elle avec eux. Ils la comblèrent de soins et de prévenances, jusqu'à la veille de leur départ.

Ce jour-là ils lui déclarèrent qu'il leur fallait vingt-cinq mille francs en numéraire. La bonne dame jura ses grands dieux qu'elle ne les avait pas.

Alors l'aimable état-major fit avancer les tonnes de pétrole, qui produisirent leur effet accoutumé. Madame X... apporta tout ce qu'elle possédait d'or, quinze mille francs.

— C'est bien, dit le principal officier, nous acceptons votre don, mais il est insuffisant. Vous n'oubliez pas qu'il nous faut encore dix mille francs.

— Je n'ai plus un centime.

— Qu'à cela ne tienne. Nous savons que vous avez entre les mains quelques valeurs assez bonnes. Vous possédez des obligations Paris-Lyon-Méditerranée qui ont perdu depuis quelque temps, mais qui reprendront. D'ailleurs, vous avez à Vesoul un banquier très-solvable, M. Courcelles...

— Vous le connaissez?

— Si nous le connaissons! Il est notre otage à Brême. Mais sa maison existe, et votre signature y est connue. Allons, madame, vite le billet ou le pétrole!

Et madame X... signa un billet de dix mille francs, payable le 1er février 1871.

Trois jours après se livrait, à dix kilomètres de Rougemont, le combat de Villersexel. Parmi les blessés qui furent rapportés dans la ville, se trouvait un jeune officier prussien, en qui tout le monde crut reconnaître celui qui avait incendié la tuilerie.

M. et madame G... le réclamèrent. Pendant quinze jours ils le soignèrent comme un fils, et quand il fut à peu près rétabli, M. G... lui dit avec douceur :

— C'est moi qui étais le propriétaire de la tuilerie que vous avez brûlée. Pourquoi l'avez-vous brûlée?

— Pour *intimider*, répondit l'officier.

Il n'eut pas un mot de repentir ni de remercîment.

Vous pouvez être assurés que le 1er février les Prussiens sont revenus à Rougemont, pour toucher le billet de dix mille francs.

## XXI

### Propos de village.

BARBALEAU. Madame Caillou, votre café est détestable.

MADAME CAILLOU. Mais, monsieur Barbaleau, c'est pourtant du café de glands doux.

BARBALEAU. Glands doux, glands doux! C'est peut-être bon ailleurs; mais en Franche-Comté, nous aimerions autant du café de café. Décidément, madame Caillou, je crois que vous servez vos restes aux Français, et que vous gardez vos qualités avantageuses pour les Prussiens.

MADAME CAILLOU. Ah! si on peut dire ça!

BARBALEAU. Voyons, vous avez bien à la cave et au grenier quelque chose en réserve?

MADAME CAILLOU. Monsieur Barbaleau, je n'ai rien de caché. Mais quand on tient une auberge, il faut toujours attendre le voyageur.

BARBALEAU. De façon que, lorsque les Prussiens

viendront, vous aurez toutes sortes de choses à leur servir?

MADAME CAILLOU. Si c'est vrai qu'ils font du mal aux femmes qui ne leur donnent pas tout ce qu'ils veulent?

BARBALEAU. A boire et à manger, c'est possible. Des hommes du Nord, ça ne pense pas à autre chose.

MADAME CAILLOU. Si c'est vrai qu'ils ont tué un mari pour avoir sa femme!

BARBALEAU. D'abord vous êtes veuve, ce qui vous met à l'abri; et puis...

MADAME CAILLOU. Et puis?...

BARBALEAU. Je vous dis que vous ne courez aucun danger.

MADAME CAILLOU. Mais je ne veux pas qu'on me fasse du mal.

BARBALEAU. Mais puisque je vous dis qu'on ne vous fera aucun mal.

(*Entrent Glosclaude, Michel et Michaud.*)

GROSCLAUDE. C'est à savoir quel est l'animal le plus féroce de la création?

MICHEL. J'ai entendu parler de l'hyène, du chacal.

MICHAUD. Je me suis laissé dire que le tigre...

GROSCLAUDE. Oui, le tigre me paraît avoir quelques droits à la première place. Mais c'est à savoir s'il est plus gourmand de la dent que de l'estomac!

MICHEL et MICHAUD. C'est-à-dire?

GROSCLAUDE. C'est-à-dire, s'il tue pour tuer ou pour manger?

MICHEL. Peut-être bien pour manger.

MICHAUD. Peut-être bien pour tuer.

GROSCLAUDE. Je suppose qu'il tombe sur un troupeau, un beau troupeau...

MICHEL. Celui de Michaud.

MICHAUD. Ou celui de Michel.

GROSCLAUDE. Il mange un bœuf, une vache, un second bœuf et une seconde vache, sans distinction de sexe. Il en saigne encore trois ou quatre pour être sûr du lendemain. Va-t-il, pour l'unique plaisir de tuer, occire tout le reste du troupeau?

MICHEL. Oui, va-t-il... ce que vous dites?

MICHAUD. Va-t-il?...

GROSCLAUDE. Je n'ai pas vécu assez avec les tigres pour élucider la question. Mais je connais un animal qui ne se lasse jamais de tuer et qui recommence à manger après le dîner.

MICHEL et MICHAUD. Quel animal?

GROSCLAUDE. Le Prussien.

MICHEL et MICHAUD. C'est vrai.

GROSCLAUDE. Mais c'est encore une question de savoir ce qui l'emporte chez lui de la férocité ou de la rapacité. Quand il fusille un pauvre diable qui n'en peut mais?...

MICHEL. Férocité.

GROSCLAUDE. Quand il pille une maison où il a été reçu?

MICHAUD. Rapa... ce que vous disiez.

GROSCLAUDE. Lequel préfère-t-il des deux?

MICHEL et MICHAUD. Les deux.

GROSCLAUDE. Cependant on dit qu'ils ne tuent que ceux qui résistent.

MICHEL. Oh! pour ça, je sais le contraire. Chez nous ils ont fusillé un homme parce qu'il était louche.

MADAME CAILLOU. Un homme marié? Et qu'est-ce qu'ils ont fait à sa femme?

BARBALEAU. Mais taisez-vous donc, madame Caillou, puisque je vous dis qu'on ne vous fera pas de mal.

GROSCLAUDE. On dit aussi, ou plutôt ils disent qu'ils ne pillent que les maisons qui sont abandonnées par leurs propriétaires.

MICHAUD. Ce n'est pas vrai! Et si je vous racontais une histoire...

GROSCLAUDE. Une histoire? Voyons.

MICHAUD. Je ne sais pas comment on raconte une histoire.

GROSCLAUDE. Tout simplement, mon ami. Madame Caillou, servez-nous du café.

MICHAUD. Eh bien, je vais vous dire la chose en

deux mots : Dans mon village, il y a une belle maison; il n'y en a qu'une.

GROSCLAUDE. Celle de M. de L...?

MICHAUD. Celle-là. Ils avaient dit qu'ils ne toucheraient pas aux maisons...

GROSCLAUDE. Habitées.

MICHAUD. Habitées.

GROSCLAUDE. Et celle-là était habitée?

MICHAUD. Pardine! oui, puisque le propriétaire y était.

GROSCLAUDE. Qu'ont-ils fait?

MICHAUD. Ils l'ont pris.

MICHEL. Qui?

MICHAUD. Le propriétaire. Ils l'ont emmené dans un bois et l'ont fusillé. Alors ils sont revenus à la maison et l'ont pillée sous le prétexte qu'elle était...

GROSCLAUDE. Inhabitée!

MICHAUD. Comme vous dites.

MADAME CAILLOU. Décidément, j'aime mieux le tigre.

GROSCLAUDE. Madame Caillou, votre café est détestable.

MADAME CAILLOU. Mais, monsieur Grosclaude, c'est pourtant du café de glands doux.

## XXII

### Retraite.

Une armée française a besoin d'aller en avant. Elle veut voir l'ennemi, le joindre et l'aborder résolûment.

La guerre ténébreuse, la canonnade à distance, les mouvements qui ressemblent à des retraites ne sont pas son fait.

Revenons à cette expédition de l'Est qui pouvait tout sauver et qui devait échouer misérablement.

Au commencement de janvier on avançait, lentement il est vrai, mais on avançait. On avait pris Villersexel après un brillant combat, puis Arcey sans résistance.

On était à Montbéliard, où le château seul tenait encore, on était devant Héricourt, on devait être à Belfort.

Cependant il y avait des indices fâcheux, c'était le mauvais état des hommes et des équipages. La plus grande partie de cette armée venait de la Loire dans les plus piteuses conditions, sans habits, sans vivres et sans clous.

Pour bien comprendre l'importance de ce dernier mot, il faut savoir que les routes montueuses de cette contrée étaient couvertes de neige et polies comme des miroirs. Les chevaux ne pouvaient s'y tenir debout. Eh bien! croirait-on que ces chevaux, qui devaient traîner l'artillerie, n'étaient pas ferrés à glace, qu'ils tombaient les uns sur les autres, les uns dans les autres, sans qu'il fût possible de les démêler ni de les relever?

A qui la faute?

Le soldat accuse le général, le général l'intendant, l'intendant le destin. Tous coupables! les uns d'imprévoyance ou de négligence, les autres d'ineptie.

Ils ne savaient donc pas cela, les tacticiens de cabinet qui s'enfermaient chez eux pour jouer une partie d'échecs avec le terrible de Moltke, et qui ne voyaient pas ce qui se passait sous leurs fenêtres?

Oui, moi, simple volontaire d'ambulance, infirmier d'occasion, j'osai aller trouver un de nos premiers généraux pour lui demander audience. J'aurais pu lui faire savoir d'importantes vérités. J'aurais pu lui dire qu'à un kilomètre du château où était établi son quartier général, un train sombrait dans la glace, que quelques coups de pioche et quelques clous auraient pu le sauver, mais que les hommes étaient tellement engourdis par le froid et l'indolence qu'ils aimaient autant perdre leurs pièces que les servir.

J'aurais pu lui dire que tel groupe de soldats s'engageait dans un chemin impraticable qui ne pouvait les mener qu'à l'abîme.

Quelqu'un croira-t-il que le grand général ait consenti à recevoir un si petit compagnon? Non, assurément.

L'homme de guerre était probablement occupé à étudier la carte, et il avait raison, car il avait suffisamment prouvé qu'il ne la connaissait guère. Seulement, il aurait dû l'étudier plus tôt.

Alors, sans qu'on ait été battu, mais faute de décision, de vivres, de chaussures, d'habits, et, je le répète, de clous; grâce aussi, disons-le, à l'habileté du prince Frédéric-Charles, qui faisait croire à nos armées de l'Ouest et de l'Est qu'il était en même temps au Mans et à Vesoul; alors commença cette retraite, qui fut d'abord qualifiée de mouvement tournant, et qui devint une débandade.

Les milliers de voitures qu'une armée entraîne à sa suite couvraient la route sur une longueur de trente, quarante, cinquante kilomètres : qui peut le savoir? Elles allaient deux par deux, trois par trois, s'accrochant, s'enchevêtrant.

On était sur pied jour et nuit, faisant dix pas pour s'arrêter un quart d'heure.

On voyait les chevaux tendre le cou vers la terre et aspirer longuement la neige mêlée de crottin et de boue, qui était leur unique nourriture.

Unique? non. On sait que les chariots de l'artillerie portent à l'arrière une roue de rechange passée en écharpe. Eh bien, ces roues, peinture et bois, étaient mangées par les chevaux des voitures suivantes.

Ces malheureux animaux se dévoraient entre eux. Ils avaient presque tous la croupe pelée par la dent de leurs compagnons.

A chaque instant, il en tombait un, qui ne se relevait pas, et la route était jonchée de leurs cadavres.

Les hommes marchaient pêle-mêle, portant leur sac pesant et leur fusil rouillé. Eux, qui avaient chanté la *Marseillaise* au départ, ils passaient silencieusement sur le bord du chemin ou entre les roues des voitures.

Tous les corps étaient confondus; les uniformes n'étaient plus reconnaissables.

Un vieux soldat (tous les autres étaient jeunes) s'écriait en arrachant les glaçons qui pendaient à sa moustache :

— Il ne fallait perdre que vingt mille hommes

pour arriver à Belfort, et on ne les a pas perdus! Et je suis là!

Maintenant, faut-il nous en féliciter ou nous en affliger? Cette armée n'est pas détruite. Elle existe; elle a trouvé l'hospitalité sympathique et compatissante de la Suisse. Elle reviendra quelque jour.

Les mères pourront embrasser leurs fils, sauvés par nos généreux voisins.

Mais eux, les soldats, seront-ils contents de revenir ainsi?

## XXIII

### Les renards allemands.

Un jour, le renard alla faire visite à la poule. Il la trouva seule au logis, et, soit qu'il n'eût pas faim ce jour-là, soit qu'il combinât d'autres projets, il ne lui fit aucun mal.

La poule écrivit aussitôt à sa famille et à ses amis :

« On m'avait bien trompée sur le compte de maître renard. J'avais été élevée dans l'idée qu'il était notre plus cruel ennemi ; maintenant que je le connais, je vois combien ce préjugé est injuste. Vous pouvez venir en toute sécurité, et si mon aimable voisin me fait une seconde visite, je vous présenterai à lui. »

La famille revint. Le renard fit une seconde visite à la poule. La poule présenta au renard tous ses petits poussins, et.....

. . . . . . . . . . . . . . . . . . . . . .

Je connais, dans le département du Loiret, un

château qui a eu l'honneur d'héberger un état-major prussien, avec toutes ses dépendances. Cet état-major était composé d'un prince de sang royal ou impérial (avec les Prussiens, on ne sait plus dans quel sang on marche), puis d'un nombre incalculable d'officiers de tout rang, de tout âge et de tout casque.

Tous ces gentilshommes étaient polis, bien élevés, et il n'en est pas un parmi eux, même le moins élevé en dignité, qui ne saluât courtoisement le maître et la maîtresse de la maison.

Les choses se passèrent très-convenablement : grande régularité dans les heures des repas, conversation enjouée, discussion littéraire à table, tempérance rigoureuse, respect absolu de la propriété. Les soldats qui faisaient le service de la maison n'auraient pas ramassé une épingle ni cueilli un brin d'herbe.

Ces aimables hôtes partirent un jour pour aller à de nouveaux exploits. Ils prirent congé du châtelain, à qui ils serrèrent cordialement la main. Quand les Français disaient *adieu* aux Prussiens, ceux-ci répondaient par un mot allemand, qui signifie : *Au revoir!*

Ce n'est pas toujours un plaisir sans mélange que de loger un état-major, même quand il se recrute parmi les princes et les grands seigneurs.

M. X... poussa un soupir de satisfaction, mais il crut devoir écrire à ses amis et à ses voisins pour leur faire savoir à quel point il avait à se féliciter de la courtoisie allemande. Il engagea tous les émigrés à revenir, les assurant de sa protection auprès de ses amis nos ennemis.

Quand tout son monde fut de retour, il fit un aveu :

— J'ai été bien fou, dit-il. Figurez-vous que j'avais enterré mon argenterie, mon linge et ma vaisselle, muré le caveau qui renfermait mon meilleur vin et dissimulé ma bibliothèque derrière un panneau. Je suis vraiment honteux maintenant d'avoir reçu un prince et sa suite avec un service de Ruolz, le vin du cru et le linge de la cuisine.

On fit venir les maçons et les terrassiers, et on remit au jour tous les objets précieux qui avaient été cachés.

A quelque temps de là, un autre général allemand vint prendre gîte dans le même château. Celui-ci n'était pas prince, c'était tout bonnement un grand-duc, et on sait que les grands-ducs n'ont jamais manqué là-bas. Il apportait tous les compliments de son prédécesseur. Ce fut un échange de politesses et de bons procédés.

Un jour, en dînant, le grand-duc dit à ses hôtes :

— Vous avez là de belle et bonne argenterie. Le

prince, mon ami, ne m'en avait pas parlé. J'ai découvert là-haut une bibliothèque de prix. Le prince ne la connaissait certainement pas, car il est grand amateur de livres, et il me l'aurait signalée. Vous avez quelques objets d'art que je trouve fort remarquables. Vous ne les avez pas montrés au prince, car il a beaucoup de goût pour ces sortes de choses, et il ne m'en a rien dit. Vous avez de bons vins, de beau linge : allons, allons! vous êtes plus riches que le prince ne l'avait supposé.

Quelques jours après, on vit entrer dans la cour d'honneur du château des caisses, des clous, des marteaux, et les soldats allemands, transformés en ouvriers emballeurs, disposèrent, avec étiquettes et numéros, une série de colis ainsi composée :

1. Argenterie (caisse très-lourde).
2. Livres, cartes et plans.
3. Linge de corps.
4. Linge de table.
5. Vaisselle (fragile).
6. Meubles divers.
7. Piano d'Érard.
8. Pendules, boîtes, chinoiseries.
9. Vins fins.
10. Jouets d'enfants.
11. Étoffes, robes, bottes et habits.
12. Futilités parisiennes.

Le tout fut expédié par le chemin de fer, grande vitesse et franc de port.

Le châtelain et sa femme voyaient avec stupéfaction les caisses se remplir. Ils n'osaient dire un mot. Le grand-duc les mit à l'aise en leur disant avec componction : « Droits de la guerre ! »

. . . . . . . . . . . . . . . . . . . .

La famille revint. Le renard fit une seconde visite à la poule. La poule présenta au renard tous ses petits poussins, et le renard croqua, sans plus de façon, la mère et les enfants.

## XXIV

### L'abbé Villion.

Nous avions avec nous deux prêtres catholiques et un pasteur protestant. Nos deux abbés étaient, je ne dirai pas des libres-penseurs, loin de moi cette idée! mais des indépendants. Ils acceptaient la discipline ecclésiastique dans toute sa rigueur, mais, hors de l'église, ils ne connaissaient pas de loi, et ils étaient loin de donner l'exemple de la régularité aux repas et de l'exactitude à l'appel.

Le billet de logement n'existait pas pour eux. Ils trouvaient toujours un lit chez un curé ou dans un couvent. Les heures de départ et d'arrivée les laissaient indifférents. Ils cheminaient à leur façon, manquant régulièrement le chemin de fer, se rattrapant aux branches, c'est-à-dire aux diligences, charrettes ou cacolets; ils se perdaient deux fois par semaine et finissaient par se retrouver.

Tous deux, maigres, actifs, audacieux, ne faisant pas leur devoir pour faire davantage, bref, deux chefs d'aventure égarés sous la soutane, bons francs-tireurs, médiocres soldats.

Nous les appelions les deux *brûlots* de l'ambulance.

Après leur avoir ainsi dit leurs vérités, il ne reste plus qu'à les nommer : l'abbé Faivre et l'abbé Villion.

Le premier est bien connu dans l'armée, le second s'y est fait connaître.

L'abbé Villion dirige l'établissement de Saint-Léonard, fondé en 1865 par la ville de Lyon, pour la réhabilitation des libérés soumis à la surveillance.

Lorsque se forma la première ambulance lyonnaise, il fut des premiers inscrit.

Nous partîmes le 10 octobre 1870, au nombre de soixante-quinze, nous dirigeant vers les Vosges, et dès le quatrième jour nous avions perdu l'abbé Villion. Il s'était attardé dans Belfort, où plusieurs compatriotes tenaient garnison. Il avait une lettre pour l'un, une pièce d'or pour l'autre, une poignée de main pour tous, et, naturellement, il avait manqué le départ du dernier train.

Nous le retrouvâmes dans la Haute-Saône courant à droite et à gauche, s'arrêtant dans tous les villages pour voir les malades et les mourants.

Puis, quand se livrèrent les combats de Cussey, d'Étuz, d'Auxon, il fallait le voir avec son grand crucifix et sa vaste éponge, conduisant vers le champ de bataille les voitures et les voituriers qu'il avait entraînés par persuasion, ou à prix d'argent, ou encore de vive force, traversant la vallée de Châtillon à Cussey, sous une pluie d'obus, avec le docteur B..., qui *opérait* dans la maison de *Paille*, se penchant sur les malheureux qui allaient mourir, pour leur donner les sacrements, versant l'eau de son éponge aux lèvres altérées et les paroles de consolation aux oreilles attentives.

Puis il ramenait les blessés *transportables* et rentrait, le cœur plein de joie, quand il avait pu soulager quelques douleurs du corps ou de l'âme.

Deux traits en courant :

A Auxon, il aperçoit un zouave qui avait l'épaule droite cassée. Il va vers lui.

— Mon aumônier, dit le blessé, allez d'abord à mon camarade que vous voyez là à dix pas; il est plus pressé que moi. Quand vous l'aurez fini, vous reviendrez à moi. Mais vous reviendrez, n'est-ce pas?

A Cussey, un caporal du 85ᵉ avait eu la main meurtrie par un coup de feu. Le docteur B... venait de l'amputer de quatre doigts.

— Voulez-vous me rendre un service? dit-il à l'abbé Villion. Mettez la main à gauche, dans ma capote. Mon argent est juste dans la poche *dont la main me manque*. Retirez quinze francs.

— Mais j'en sens plus de quinze.

— Eh bien! n'en retirez que quinze et faites-moi *le bonheur* de les remettre au plus tôt au capitaine Fontaine, du 85$^{e}$. C'est la solde de mes hommes d'escouade. J'ai été blessé avant d'avoir pu les payer. Merci.

Nous avons su depuis que le brave caporal est devenu sous-lieutenant.

Mais c'est pour la seconde campagne qu'étaient réservées les grandes émotions.

L'abbé Villion voulait rentrer dans ce Belfort d'où il avait failli ne pas pouvoir sortir. Le 15 novembre, il se met en route avec les docteurs B... et C... et quelques-uns de nos infirmiers.

La petite escouade passa par la Suisse et rentra en France par Boncourt, croyant naïvement qu'elle allait pénétrer dans une ville assiégée par les Prussiens. Je sais bien qu'on avait dit à ces aventureux qu'ils pourraient y réussir; mais qui leur avait donné cette assurance? Des Prussiens.

Pendant dix jours ils furent promenés avec égard, congédiés, rappelés, envoyés de Fontaine-sous-Rougemont à Mulhouse, du général Caïphe au général Pilate, et finalement réexpédiés au point de départ, à Lyon.

L'abbé Villion insista. Il avait un grand nombre de lettres à remettre aux assiégés et beaucoup de petites sommes qui finissaient par composer une somme assez importante. Il avait, d'ailleurs, l'oreille du général Treskow, et un des officiers ennemis l'accueillait avec force courbettes.

Il errait dans les lignes prussiennes, attendant toujours une permission qui n'arrivait jamais, ou cherchant une occasion qui ne se présentait pas.

A Chaux, il rencontre sur la route le jeune et aimable officier (l'homme aux courbettes), qui lui dit d'un ton aussi gracieux que sarcastique :

— Monsieur l'abbé Villion, vous êtes prisonnier.

— En quelle qualité?

— En qualité d'espion.

Et sans plus de cérémonie, on charge le pauvre abbé sur un tombereau garni de quelques brins de paille, en compagnie d'un de nos infirmiers, qui avait voulu suivre sa fortune, et d'un notaire de la Haute-Saône, qui avait tenté d'aller voir ses fils attaqués du typhus dans Belfort.

La voiture était escortée par quatre soldats qui, à chaque instant, armaient leur fusil avec affectation, comme s'ils allaient s'en servir.

Ces Allemands ont des plaisanteries funèbres.

Après le plaisir de fusiller effectivement un homme, leur plus grande joie consiste à lui faire croire qu'ils vont le fusiller.

Les trois prisonniers furent ainsi conduits à Chapelle-sous-Rougemont et jetés au cachot avec les malfaiteurs.

Le lendemain, 2 décembre, à quatre heures du matin, par un froid de 15 degrés, ils furent remis sur la même voiture et continuèrent, sous la conduite des mêmes gardes, leur triste pèlerinage.

On fit halte à Cernay pour reposer... les chevaux. Aussitôt toute la population entoure les malheureux grelottants. Chacun, en dépit de la surveillance dont ils étaient l'objet, leur offrait à l'envi des chaussons, des vivres, des chemises. Une pauvre fille ouvrait furtivement sa fenêtre, jetait son châle, et se cachait comme si elle avait commis un crime. Si un peintre avait été là!

Et les femmes pleuraient et les hommes frémissaient. Allemande, cette Alsace si noble et si française!

A minuit et demi, on arrive à Colmar.

Les prisonniers sont logés dans un corps de garde infect. Le lendemain, on est à Strasbourg.

Pendant dix-sept jours, l'abbé Villion est tenu au secret, accusé d'espionnage (les Prussiens doivent pourtant s'y connaître); interrogé d'une façon insidieuse, pressuré, menacé d'être fusillé (toujours la plaisanterie tudesque); bref, dix-sept jours d'inquisition, de transes, d'angoisses.

Entre nous, je crois qu'on voulait mettre la main

sur l'argent; mais il était bien caché, et les juges durent y renoncer.

L'abbé fut donc acquitté et renvoyé. Revenir de Strasbourg, cela s'appelle maintenant revenir *en France!*

La troisième campagne fut moins accidentée. Notre objectif était encore Belfort. Cette fois nous avions le légitime espoir d'y entrer. Nous suivions une nombreuse armée qui devait... mais n'en parlons plus.

L'abbé Villion était tenu en respect. On surveillait de près son zèle excessif. On lui mit la bride et le bridon, et on parvint ainsi à l'arrêter dans *ses écarts.*

Son bonheur, alors, s'il se trouvait dans une ville, était de passer sa vie à la gare du chemin de fer. C'est là qu'il pouvait, comme il le dit, attendre de misère fortune. Il distribuait des montagnes de fromage et de pain, et répandait des fleuves de vin et de café.

Il faisait là des rencontres étranges, des connaissances et des reconnaissances. Quand un soldat lui disait : « Je vous ai déjà vu quelque part », il était au ciel. Si un zouave l'avait appelé par son nom, il lui aurait donné le ciel sans confession.

Notre excellent aumônier est rentré dans sa colonie pénitentiaire. Il aime à se rappeler et à rappeler ses aventures.

Mais ne lui en demandez pas le récit. Il a vu tant de choses à la fois! c'est un vase trop plein qui déborde. Il s'est grisé du vin qu'il a fait boire et des dangers qu'il a courus. Il mêle une histoire avec l'autre, confond le juge avec le général, le nom avec le visage, la date avec l'événement.

Il saute de branche en branche, sans qu'il soit possible de le suivre dans son vol. Il monte tous les jours sur sa locomotive; mais il a mal dirigé ses aiguilles, et il envoie à Toulouse le train de Bordeaux.

Excusez-moi, mon cher abbé, si je corrige par quelques gouttes d'absinthe le miel que je vous verse.

Quand on a dit beaucoup de bien d'un homme, il convient d'en dire un peu de mal, ne fût-ce que pour ne pas l'exposer à la jalousie de ses semblables.

## XXV

### Le voiturier Questin.

On s'intéressera toujours aux aventures d'Ulysse; cela tient peut-être à la façon dont elles ont été racontées, car bien d'autres hommes ont erré loin de leur pays, laissant leur femme à la maison, ont souffert, n'ont pas aimé, et sont revenus vieillis, ou ne sont pas revenus. Cependant personne ne songe à eux. Évidemment cela doit tenir à cette cause, que s'il y a eu plusieurs Ulysses, il n'y a qu'un Homère.

Celui dont nous voudrions raconter la petite odyssée, était un cultivateur des environs de Gien, nommé Questin.

Il était venu un jour au marché de la ville avec deux sacs de blé. Il tombait dans un mauvais moment. A peine était-il arrivé, qu'un citoyen portant uniforme lui dit :

— L'ami, vous allez nous suivre, vous, votre cheval et votre carriole.

— Comment cela?

— Oui, vous êtes réquisitionné.

— Réqui... comment dites-vous?

— Réquisitionné.

— Je ne comprends pas : je suis de la campagne.

— Vous allez comprendre.

On lui présenta la feuille imprimée, timbrée et signée. Le maire lui affirma qu'il n'y avait aucune résistance à faire, et qu'il allait incontinent suivre notre ambulance.

— Mais mon blé?

— Votre blé, vous allez le décharger et le laisser là.

— Comment? sur la place?

— Soyez tranquille, il ne sera pas perdu.

— Mais, mais...

— Il n'y a pas de mais...

Et Questin partit avec nous en maugréant. On chargea sa voiture de tout autre chose que de ses denrées, et en route! En route pour quel pays, pour combien de temps?

A deux kilomètres de la ville, il s'écriait : « Mon blé, mon pauvre blé! »

A quatre kilomètres : « Ma femme et mes enfants! j'en ai quatre. »

A six kilomètres : « Habits, chaussure et linge, je n'ai rien que ce que j'ai sur moi! »

A huit kilomètres : « Mais vous ne savez pas tout : ma femme est grosse et doit accoucher ces jours-ci. Pouvez-vous me dire si j'arriverai à temps ? »

A dix kilomètres : « J'ai quatre garçons ; aurai-je mon cinquième ou ma première fille ? »

Le lendemain, son premier mot fut celui-ci : « Pourvu qu'on ait vendu mon blé ! »

Il était déjà loin de chez lui.

Il fit ainsi toute une campagne, puis une seconde, croyant toujours qu'il allait retourner à Gien. Il finit par voir qu'il s'en éloignait de plus en plus, et qu'il lui était impossible de retourner en arrière. L'eût-il pu, qu'il se jetait inévitablement dans la gueule des Prussiens.

Il fut ainsi de toutes les expéditions, portant des bagages et des vivres, rapportant des malades et des blessés, assistant de loin aux combats,

> « Comme assistait Comus aux agapes célestes,
> Pour apprêter les mets et réparer les restes. »

Quand l'armée passa de la vallée de la Loire dans celle de la Saône, il alla au marché de Chagny pour demander le cours du blé. Tout avait augmenté. « Pourvu, dit-il, qu'on n'ait pas vendu mes deux sacs ! »

Mais le lendemain, songeant au péril que courait son chargement, il s'écriait : « Décidément, j'aimerais mieux que mon blé fût vendu et que l'argent eût été donné à ma femme. Je ne sais pas si je vous ai dit qu'elle est... Ah! oui, je vous l'ai dit. »

Une autre fois, il nous communiquait ses réflexions intimes : « La blouse et le pantalon, ça va toujours; mais voilà plus d'un mois que je porte la même chemise. Je voudrais bien en avoir une autre ou faire laver la mienne. Si je pouvais une fois trouver un lit, je me coucherais, et pendant ce temps-là on blanchirait ma chemise. »

Ainsi vécut avec nous, pendant plus de deux mois, ce voiturier, militaire malgré lui, qui avait quitté sa maison, son blé, sa femme et ses quatre ou cinq enfants.

Combien d'existences pareilles! Nous avions dans nos bagages une voiture publique de Saint-Pourçain, une autre (service à volonté) de Moulins, et enfin un omnibus venu on ne sait d'où, mais appartenant à l'*Hôtel de Paris*, et faisant la *correspondance du chemin de fer*. Dans quelle ville était sis cet hôtel de Paris? Avec quel chemin de fer était-il en correspondance? Mystère, mystère!

A Besançon, Questin apprit que le blé avait encore augmenté. Il fut sur le point de s'écrier : « Pourvu que le mien ne soit pas vendu! » Mais la réflexion arriva avant l'exclamation, et se reportant par la pensée à son pays, à sa maison, il se disait :

« Puisque je suis inquiet de ma femme, elle doit être inquiète de moi. Si je pouvais lui écrire ! Mais les lettres n'arrivent pas ; et puis, comment me répondrait-elle ? Je n'ai pas d'adresse ; je suis un coureur de grands chemins. »

Qu'est-il advenu de Questin, de sa femme, de son blé, de ses enfants ?

On plaint les soldats qui souffrent et s'exposent. Mais au moins sont-ils soutenus par le sentiment du devoir, par l'attente d'un grade ou d'une croix. Ne doit-on pas un souvenir à ceux qui ont supporté les mêmes fatigues, et peut-être couru les mêmes dangers, sans perspective d'avancement et sans espoir de récompense. L'homme dont nous parlons n'aura pas même la satisfaction, quand il sera vieux, de raconter ses campagnes. Pourquoi irait-il dire à ses petits-enfants : « J'étais de l'armée de la Loire, j'étais de l'armée de l'Est ? » Il n'y a vraiment pas là de quoi se vanter.

## XXVI

### Monsieur Virgule.

Dans une de nos étapes, nous avons fait la connaissance d'un original fieffé. On trouve encore en province de ces vieux types qui semblaient perdus, et qui apparaissent comme des monuments d'un autre âge.

C'est en Franche-Comté qu'il nous a été donné de découvrir monsieur... Ah! me voilà bien embarrassé. Si j'ai su son nom, je l'ai oublié. Toutes les fois qu'il nous est arrivé de parler de lui, nous l'avons appelé, entre nous, M. Virgule. C'est donc sous ce nom que je vais le présenter.

C'est un bonhomme de soixante et quelques années, bien planté, solidement construit, aux larges épaules, au teint coloré et rustique. Ses cheveux sont encore abondants, bien qu'ils aient passé du châtain au blanc, couleur à laquelle ils se sont définitivement arrêtés.

Il est ferré sur la religion et la morale; mais, par-dessus tout, il est de première force sur la ponctuation. Il faut qu'il ait fait une étude spéciale de cette *science,* car si elle n'est pas le fond de son discours, elle en est le plus bel ornement. Voici par quelle phrase il accueillit celui d'entre nous (supposez que ce soit moi) qui avait été désigné pour loger chez lui :

— Monsieur, virgule, vous me présentez une réquisition ; point et virgule; comment pourrais-je refuser d'héberger un de mes concitoyens? Point d'interrogation. Je vous dirai donc, virgule, monsieur : deux points : Soyez le bienvenu dans ma modeste habitation ! Point d'admiration.

Tel était le langage de cet homme quand il parlait lentement et à bouche posée; mais dès qu'il s'échauffait, sa ponctuation devenait moins correcte, et comme la virgule était le signe qu'il affectionnait le plus, il en augmentait indéfiniment le nombre. Son émotion se traduisait par des cent et des mille virgules, et quand il voulait aller jusqu'au blasphème, il jurait par dix mille, cent mille, un million et mille millions de virgules.

Vous comprenez maintenant pourquoi nous l'avons nommé du mot qui revenait le plus souvent dans sa conversation.

J'ai dû inférer de ses entretiens qu'il avait été professeur ou peut-être maître d'études dans un collége du Midi, et qu'il était revenu dans son pays natal où il avait achevé, comme précepteur, l'éducation d'un ou deux jeunes gens de famille.

En rapportant quelques-unes de ses paroles, je diminuerai le nombre des jurons ponctués dont il abusait, afin de donner plus de clarté au récit.

— Monsieur, me dit-il, tel que vous me voyez, j'ai été le professeur de Gambetta. C'était un élève rempli de dispositions; mais, en somme, un élève médiocre. Ne m'interrompez pas. C'est un caractère énergique, une nature intelligente, un cœur sincère. Il a toutes les aptitudes, toutes les facultés, tous les dons. Mais il a un défaut, ou plutôt une lacune, qui annihile toutes ses belles et bonnes qualités. Il est ignorant. Ne vous récriez pas : il est ignorant, mille virgules! Je n'ai jamais pu lui apprendre la ponctuation. Eh bien, jeune homme (il m'appelait ainsi), retenez bien ce que je vais vous dire : Hors de la ponctuation, point de salut. Ne croyez pas que je veuille plaisanter, dix mille virgules! Au reste, je vais le prouver, et je pose ainsi quatre conclusions : deux points :

1° L'homme qui ne met pas les virgules n'a pas de méthode;

2° Celui qui ne met pas les points ne sait pas s'arrêter;

3° Celui qui abuse du point d'exclamation est un immodéré, un fanatique, un insensé;

4° Enfin, celui qui ne ponctue pas du tout n'a ni ordre, ni clarté, ni précision, ni logique, ni esprit de conduite. Il peut avoir de grandes forces, mais ces forces sont mal équilibrées; de merveilleux talents, mais ces talents ne sont pas coordonnés; de nobles idées, mais ces idées n'ont pas de suite, s'entre-choquent et se détruisent. En trois mots, l'homme qui ne ponctue pas est un ignorant, un brouillon, un incapable. Eh bien, mon élève favori n'a jamais pu apprendre la ponctuation. De là toutes les fautes qu'il a commises, de là toutes celles qu'il commettra.

Supposez qu'un char, le char de l'État (comme nous disons nous autres vieux, parenthèse), ait été mal dirigé. Le cocher, qui s'était grisé, tombe de son siége. Un homme se trouve là, un homme robuste, dévoué, intrépide; il s'empare des rênes, dompte les chevaux emportés, les remet sur la voie; et puis, que lui reste-t-il à faire? Il ira trouver le propriétaire de l'équipage, l'État, et lui dira :

— Voici la voiture et les chevaux que j'ai sauvés. Voulez-vous les reprendre? Reprenez-les. Voulez-vous que je continue à les diriger? Je les dirigerai. Un point.

Cela était correct, normal, irréprochable.

C'est ce qu'on n'a pas fait. Voilà les virgules et le point final qui ont fait défaut dans cette aventure.

Mon héros monte en ballon. Il descend sur la province muni des pouvoirs *les plus étendus*. Comment le comprenez-vous? Lui et ses collègues avaient le pouvoir *absolu*. Je ne connais rien de plus *étendu* que l'*absolu*. Mais passons. Nous sommes arrivés à l'époque des points d'exclamation : La victoire ou la mort! Aux armes, citoyens! Aussitôt les hommes se lèvent et accourent. Voici les citoyens : où sont les armes?

Ce matin, n'ai-je pas lu cette proclamation : « Soldats, vous êtes trahis, mais non déshonorés!!! » Trois points d'exclamation! Pourquoi ces trois points? Si on croit nécessaire de dire ces choses-là, on les dit sans emphase, avec tristesse. Quel courage donnera-t-on aux soldats si on leur annonce solennellement que leurs généraux les trahissent?

Ah! jeune homme (toujours moi), je vois l'avenir sous de bien sombres couleurs. Il me semble que nous touchons à la période du désordre et de la désorganisation. Vous allez voir les généraux nommés et révoqués, les intendants remplacés par des fournisseurs, les victoires exagérées ou inventées, les défaites niées ou dissimulées, les bulletins falsifiés, les finances dispersées. Plus d'examen, de contrôle, plus un point, plus une virgule! C'est ma quatrième conclusion.

Et pourtant cet homme devait faire ma gloire. Si

j'avais pu mettre un peu de logique dans ce cerveau, de direction dans ce courage, de sagesse dans cette ponctuation, il eût été un homme de génie, il sauvait la France, mille millions de virgules!

Je ne l'ai connu qu'enfant; mais je l'ai suivi de loin et je le vois maintenant. On m'a dit qu'il avait fréquenté l'estaminet, mais je ne l'ai jamais cru. On a dit qu'il était un jacobin, un démagogue. Non, il a le cœur aimant et les nobles instincts.

On a dit encore : « C'est un virtuose : il a la voix vibrante, l'accent fier, le geste inspiré. Chez un peuple qui demande à être conduit par des mots, c'est la plus belle voix qui doit avoir le plus grand rôle. Voici le premier ténor! »

Alors je dirai : Peut-être? Et j'ajouterai :

— C'est un orateur, un entraîneur, un brave, un indomptable, mais c'est un ignorant. Il n'a jamais ponctué, il ne ponctuera jamais; et je m'en accuse, moi son maître, puisque par ma faute et par la sienne il aura mis son pays à mal, et que la France lui dira un jour :

« Varus, Varus! qu'as-tu fait de mes légions? »

Mille millions de milliards de...

Le vieux professeur s'arrêta. Je vis sa large main passer sur ses yeux, où roulaient deux grosses larmes.

## XXVII

### Léonard et Laurent.

Je ne suis pas légitimiste, mais partout je respecte la fidélité et j'admire l'héroïsme.

Oui, dans cette dernière et lamentable guerre, les grands noms de France ont donné le grand exemple, exemple que nous n'avons pas suivi. C'est une justice que nous leur devons, c'est un aveu que nous nous devons à nous-mêmes.

Le comte Léonard de N... est un vieux légitimiste, si on peut appliquer l'épithète de *vieux* à un homme de trente ans. Il a hérité plusieurs siècles de dévouement aux idées royalistes, et par ses opinions il remonte aux croisades.

Quand les étrangers eurent envahi la France, au mois d'août 1870, il n'eut pas trois jours d'hésitation; il résolut de s'engager. Il quitta femme, enfants, père, mère, terres et château, et partit pour Paris. Il ne savait pas s'il allait servir l'empire, mais il savait qu'il servirait la France.

Au moment où il embrassait tous les siens, il aperçut dans la cour du château son valet de chambre Laurent, qui le regardait avec des yeux suppliants et semblait lui dire : Emmenez-moi!

— Qu'est-ce, Laurent? Tu veux me suivre?

— Oh! si monsieur le comte voulait!

— Eh bien, viens donc avec moi.

Les deux hommes partirent comme pair et compagnon. Deux chevaux furent envoyés à la gare voisine; et, le lendemain, bêtes et gens étaient à Paris.

Ce n'était pas là précisément que le comte voulait faire ses premières armes. Il désirait seulement s'y enrôler, et de là partir pour les campagnes aventureuses, pour les expéditions à travers prés et bois.

Les choses n'allèrent pas aussi vite qu'il l'espérait. Dans une administration, même celle de la guerre, tout est réglementé, et il n'est pas permis à un volontaire d'aller se faire tuer au jour et à l'heure qui lui conviennent.

Il demeura ainsi toute une semaine.

L'ennemi s'approchant toujours, on vit qu'il faudrait défendre Paris. On forma des corps d'*éclaireurs de la Seine*. Le comte voulut y entrer; mais il reconnut bien vite que sa place n'était pas au milieu de ces irréguliers, et il s'engagea, avec son fidèle Laurent, dans le 1er chasseurs à cheval, qui avait ses cantonnements à Vincennes et à Saint-Mandé.

Pendant tout le siége de Paris, les deux volontaires firent chaque jour le même métier; on poussait une reconnaissance en avant de Bobigny, de Drancy ou du Bourget; on échangeait quelques coups de fusil avec les avant-postes prussiens, on portait une dépêche d'un général à un colonel, on endurait la faim, la pluie, le froid, et on dormait quand on pouvait, avec son uniforme et ses bottes.

Toutes les fois qu'il était demandé quelques hommes de bonne volonté pour une expédition périlleuse, on était sûr de voir se présenter en première ligne les chasseurs Léonard et Laurent.

Un jour, après une action meurtrière, ils furent proposés tous les deux pour le grade de brigadier. Le comte refusa cette distinction; mais Laurent, qui était plus sensible aux honneurs, accepta les galons et se montra digne de les porter. Il était devenu le supérieur de son maître, quoiqu'il fût resté son brosseur, de telle sorte que, *devant le monde,* le comte devait obéissance à son domestique, tandis que, dans l'intimité, le brigadier était plein de respect pour son subordonné.

Le brigadier Laurent se montrait fort sévère sur la discipline, et surtout sur la tenue. Il connaissait le *service,* et il exigeait que les hommes fussent brossés, cirés et astiqués de bonne main. Il était particulièrement difficile pour le chasseur Léonard, car on n'était pas sans connaître au régiment leur situation respective, et il ne voulait pas qu'on se permît de croire qu'il pouvait favoriser son ancien maître. Il lui infligeait même les plus rudes corvées, que le comte acceptait avec empressement.

Cela n'empêchait pas les langues d'aller leur train. La sévérité du brigadier Laurent et son goût pour la *toilette* indisposaient les paresseux et les malpropres. Il circulait même dans la tribu un couplet que Laurent n'a jamais connu en entier et que voici :

Quel est donc ce camarade
Qui commande notre escouade,
Et qui veut que nos vestons
Soient munis de leurs boutons
Comme pour une parade?
Quel est donc ce camarade?
— C'est le brigadier-brosseur
Du simple chasseur.

Cette vie dura plus longtemps qu'on ne l'aurait pensé. Léonard resta toujours simple soldat, et Laurent fut désigné pour la médaille militaire : il tenait son bâton de maréchal.

Aussitôt que l'armistice fut signé, le comte de N... prit son congé. Laurent s'était épris de la gloire militaire; mais la fidélité fut plus forte que l'ambition, et il ne voulut pas se séparer de son maître. Ils reprirent donc ensemble le chemin de fer, cette fois sans leurs chevaux : les chevaux avaient été mangés.

Dire comment ils furent reçus au château de L... par les parents, les amis, les paysans des environs, je ne le tenterai pas. Ils reprirent leurs fonctions civiles et se reposèrent dans le calme des champs de leurs tribulations guerrières. On venait de dix lieues à la ronde pour les voir, pour les saluer; mais les plus curieux étaient décontenancés en voyant que Laurent avait repris la livrée de la maison, et que le simple chasseur était vêtu comme un simple bourgeois.

Cependant la comtesse de N... voulut fêter le retour de son mari. Quoique les idées fussent encore bien tristes, elle désira donner quelque solennité à ce festin des revenants. Elle y invita tous les parents, tous les amis, toute la noblesse des environs.

Au moment où les convives commençaient à arriver dans la cour du château, la comtesse, prise d'une idée subite, dit à son mari :

— Léonard, faites-moi un grand plaisir : reprenez pour cette fois votre uniforme de chasseur.

— Je le veux bien, répondit le comte, mais à la condition que Laurent reprendra aussi son costume de brigadier.

Laurent, qui avait entendu ou deviné l'entretien, ne se le fit pas dire deux fois et monta dans sa chambre pour revêtir en toute hâte ses habits du sacre.

Le comte se retira aussi chez lui. Quoiqu'il eût quelque peu engraissé dans l'espace de huit jours, il put encore entrer dans sa carapace. Mais quand il voulut fermer sa tunique, il fit sauter un bouton à la hauteur de l'estomac.

— Bah! se dit-il, pour un bouton, personne ne s'en apercevra. D'ailleurs, je n'ai pas le temps de le faire recoudre.

Il descendit au salon, où tout le monde l'attendait. A peine était-il entré que la porte se rouvrait et que Laurent, en brigadier de chasseurs, se tenait debout sur le seuil pour annoncer que la comtesse était servie.

Le comte l'arrêta, lui prit la main et le présenta à toute la société. N'était-il pas désormais de la famille? On admira sa tenue militaire. Les plus jolies bouches l'appelèrent : « Brigadier. » Ce pauvre Laurent se crut revenu à son ancien état; il eut un moment de vertige, et, bondissant sur son maître, il s'écria :

— Qui est-ce qui m'a f.... un chasseur à qui il manque un bouton? Deux jours de... »

La phrase ne fut pas achevée; le brigadier s'était enfui par la porte grande ouverte.

Ce fut une explosion de rires qu'il ne put pas entendre. Cinq minutes après, Laurent, revêtu de sa plus belle livrée, ouvrait à deux battants la porte du salon et disait de sa voix la plus grave :

— Madame la comtesse est servie.

## XXVIII

### Le Siècle prodigue.

Grâce au billet de logement, j'ai fait encore une connaissance. Cette fois, c'est dans le petit village de J..., sur les confins de la Suisse et de la Savoie. Un samedi soir, je me présentai chez M. Béguin, qui me reçut avec une courtoisie parfaite. C'est un homme de cinquante ans, ridé et amaigri par le travail, l'ascétisme ou la maladie, mais ayant conservé une physionomie vivante et un regard doux et profond. Il était à J... le chef de la *Petite Église*.

Il faut que j'accuse ici mon ignorance : je sais qu'il y a en France une grande quantité de catholiques ou soi-disant tels, un certain nombre de protestants, beaucoup trop de juifs, quelques mahométans et deux ou trois mormons; mais j'ignorais qu'il restât, dans plusieurs villages de l'est et du sud-est, quelques vestiges d'une secte ou d'une école qui ne reconnaît pas le Pape pour trop honorer la papauté, et qui est devenue schismatique à force d'orthodoxie.

C'est là le fait de la *Petite Église*. Lorsque fut signé le concordat entre Rome et la France, il se trouva chez nous, surtout dans les campagnes éloignées, des catholiques ardents qui prétendirent que le pasteur avait outre-passé ses droits en engageant le troupeau, qu'un amoindrissement de pouvoir équivalait à une abdication, et qu'enfin le Pape avait cessé d'être pape, puisque le représentant de Dieu avait transigé avec les hommes. Nous avons vu de vieux royalistes remonter ainsi avant 89, regarder comme non avenue la révolution et renier la charte de Louis XVIII. Ces exaltés étaient en politique ce que sont en religion les puritains de la *Petite Église*.

Au reste, nos dissidents sont gens d'honneur et de probité. Ils se marient entre eux, célèbrent chez eux l'office divin selon les anciens rites. Ils sont pour la plupart cultivateurs, affermant de père en fils la même terre. Il n'est pas besoin avec eux d'écrire un bail. C'est chose convenue que la parole d'un homme de la *Petite Église* vaut la meilleure signature du monde.

J'ai dit que j'étais arrivé chez M. Béguin dans la soirée du samedi. Le lendemain, je fus réveillé avant le jour par des chants et des prières. Les fidèles s'étaient probablement donné rendez-vous dans la maison de mon hôte. Je cherchai en vain la chapelle; on célébrait l'office dans une chambre.

Nous devions nous remettre en route dès le matin; un contre-ordre retarda notre départ. Mon hôte m'invita à déjeuner avec lui; il avait à sa table sa famille, avec les voisins qui avaient entendu la messe chez lui; en tout quinze ou seize personnes.

Le déjeuner était frugal : une soupe et du lard. La conversation roula tout le temps sur les événements de la guerre, et je pus reconnaître que ces gens, imbus des plus vieilles idées, avaient conservé un profond amour du sol natal et de la patrie.

Après le déjeuner, M. Béguin récita les grâces, puis se rassit et prit la parole sans jamais être interrompu par aucun de ses convives. Je fus amené à croire que j'assistais là à une cérémonie religieuse, prêche ou sermon. J'écoutai comme les autres.

— Aujourd'hui, nous dit-il, je vous parlerai du Siècle prodigue. Quand il eut quarante-huit ans, il fut pris du désir de courir les aventures. Il était pourtant bien heureux chez lui. La maison avait un père vieux et bon, des fils excellents et intelligents. Rien n'y manquait. Le peuple était heureux, les terres étaient fertiles. Peut-être suis-je indulgent pour cette époque, qui est celle de ma jeunesse. On regrette toujours ce qu'on a eu, on aime par-dessus tout ce qu'on a perdu, et les jeunes années, qui demeurent les plus belles, s'embellissent encore en s'éloignant. Mon père a toujours fait remonter sa vie avant 1830, et mon grand-père avant 1789.

Ainsi tout était prospère dans le pays. Mais les plus riches sont toujours les plus empressés à compromettre leur fortune. Quand il eut atteint l'âge de quarante-huit ans, le Siècle fut saisi de vertige. Sous un futile prétexte, il chassa de sa maison le bon roi, le vieux père, et s'empara de tout. Il brisa la couronne, et pour proclamer la déchéance des souverains et des maîtres, il se proclama maître et souverain.

Il est difficile de trouver la modération chez les gens qui ont montré leur force pour en abuser. Celui qui a manqué de respect n'a pas droit au respect. Il y eut parmi ceux qui s'étaient emparés de la maison des discussions, des luttes. Deux ambitieux ne peuvent vivre d'accord : que feront dix, que feront cent?

Le Siècle, fatigué du pouvoir, voulut encore se donner un maître. Mais au lieu de reprendre celui qu'il avait autrefois et dont il avait pu apprécier la bonté, surtout depuis qu'il ne l'avait plus, il alla chercher ou laissa venir celui qui représentait le mieux cette époque, l'aventurier.

Celui-ci trouva tout à ses pieds. Le pouvoir qu'on marchandait à l'ancien propriétaire, on le lui donna sans réserve et sans contrôle. L'argent, qui était mesuré autrefois, lui fut versé à pleines mains. Eh bien, cet aventurier, cet homme sans foi, ce dépositaire infidèle qui a pris violemment ce qu'on lui avait confié, nous l'avons appuyé et soutenu. Nous avions une si grande peur des brigands de grand chemin, que nous aurions conservé le voleur établi et patenté.

Et nous avions raison. Il faut toujours défendre le gouvernement existant. Puisque les méchants ne cessent pas de l'attaquer, les bons ne doivent pas se lasser de le défendre.

Tous les attentats sont les mêmes : 18 brumaire, 23 février, 2 décembre, crimes pareils. Et plaise à Dieu que nous n'y ajoutions pas le 4 septembre!

Est-ce à dire que nous devions soutenir le gouvernement issu d'un de ces crimes? Oui. Je réprouve l'acte et j'accepte le fait. Mais l'aventurier dont nous avions subi le joug pour nous délivrer des brigands nous a conduits aux abîmes. Tout s'est effondré. Les étrangers ont fondu sur nous. Nous avons été blessés aux membres et au cœur.

Au milieu des malheurs de la patrie, une voix s'est élevée : « Si tout cela n'était qu'un rêve, si nous pouvions revenir au point de départ, dire que nous avons dormi durant vingt-trois ans, alors le Siècle prodigue, reconnaissant ses fautes, rappellerait les parents qu'il avait exilés ; ceux-ci reviendraient dans la maison paternelle dévastée et ruinée pendant leur absence ; ils rétabliraient peut-être l'ordre compromis et l'économie difficile ; ils rendraient aux enfants égarés l'amour du prochain, la religion du foyer et l'honneur du pays. »

Voilà ce que m'a dit cette voix, et voilà ce que je vous souhaite.

Toute l'assemblée fit le signe de la croix et récita une prière.

Je quittai mon hôte, tout pénétré de ce que je venais d'entendre. Je ne pus m'empêcher de remarquer que M. Béguin, qui était plus catholique que le Pape, aurait dû, pour être conséquent avec lui-même, être plus légitimiste que le comte de Chambord. Mais je raconte ce que j'ai vu et entendu sans chercher à expliquer les contradictions qui se rencontrent chez les gens les plus sensés en apparence.

Je n'ai pas à donner mes opinions personnelles sur de pareilles questions. Il ne siérait pas à un simple infirmier de se prononcer dans des matières aussi délicates et aussi élevées.

## XXIX

### Notre dernier blessé.

C'était à la fin de la guerre. L'armistice était conclu; mais nous en étions exceptés sans être prévenus. C'est-à-dire qu'on nous avait désarmés et que l'ennemi continuait à tirer sur nous.

Un soir, on amène à notre ambulance un soldat qui avait eu le bras droit fracassé par un éclat d'obus. On reconnaissait sans peine que cet homme n'était pas de ceux qui, bon gré mal gré, sont appelés par leur âge à défendre le pays. Il n'est plus jeune, mais il semble avoir conservé toute sa vigueur. Il a le type des climats intermédiaires, les cheveux châtains, les yeux vifs sans le feu méridional et sans la fadeur du Nord. Sa moustache abondante est mêlée de fils blancs et roux. Il paraît être de taille moyenne, bien pris dans ses formes, sans maigreur et sans embonpoint. Sa bouche est ouverte pour la parole et pour le sourire, et la souffrance ne peut altérer cette figure hautaine et généreuse. Son caractère doit se refléter sur sa physionomie, où se lisent la fierté de race peut-être exagérée, l'amour des nobles choses, le penchant à la confidence, au contentement de soi-même, à la vanité du sang ou de l'éducation, et, par-dessus tout, le désintéressement, la loyauté, la bravoure.

La blessure était grave ; le blessé n'y songeait même pas. C'est son cœur qui saignait. Mourir dans une victoire lui eût été doux; survivre à un revers lui semblait une honte. L'orgueil de ses aïeux parlait plus haut que le souci d'une existence qu'il apprenait à mépriser.

Dans ce temps-là, on n'avait pas de lits pour y coucher les malades, et l'officier ne pouvait exiger plus de paille que le simple soldat. Notre volontaire n'avait pas de grade, et quoique son âge et son aspect imposassent à tout le monde, il fut mis sur la dalle glacée à côté de ses pauvres camarades, qui attendaient gémissants ou résignés leur arrêt de vie ou de mort.

Quand les chirurgiens arrivèrent à lui, ils virent du premier coup d'œil à quel homme ils avaient affaire. Ils échangèrent un regard d'intelligence; au lieu de le traiter avec le sans-façon ordinaire et de lui dire : « L'ami, ce ne sera rien, on va vous endormir, respirez ceci », ils lui témoignèrent une grande déférence, et l'un d'eux se décida à prendre la parole.

— Monsieur, la blessure est grave, mais non mortelle, et si vous voulez vous en rapporter à nous?...

— Oui, je comprends : l'amputation?

— L'amputation.

— Elle est nécessaire?

— Indispensable. Vous ne souffrirez pas.

— Et vous croyez que, grâce à cette... opération?...

— Vous aurez la vie sauve.

— Et si je refusais?

— Ce serait un grand malheur.

— Eh bien, mon choix est fait. Entre mourir et vivre mutilé, je n'hésite pas. Mon bras était à mon pays; maintenant qu'il ne peut plus le servir, il est à moi, et je défends, entendez-vous, je défends qu'on y touche. Je vous parle dans toute ma raison. Ceci est ma dernière volonté : je veux mourir.

Les chirurgiens épuisèrent en vain leur éloquence. Les prêtres voulurent à leur tour le convertir à la vie. Les conseils et les prières furent inutiles.

La gangrène se mit dans la blessure et fit son œuvre inévitable.

Quand le malade sentit sa fin approcher, il se fit envelopper dans un suaire; de la main qui lui restait, il abaissa ses deux paupières, et, les yeux fermés, les lèvres crispées par la douleur et le dédain, il rendit le dernier soupir en disant : « Mon pays! »

Nous connaissons tous une femme qui a été frappée de la même blessure. Brave jusqu'à la témérité, fière jusqu'à la présomption, aimable jusqu'à la frivolité, gaie jusqu'à la folie, spirituelle jusqu'à la dépravation, généreuse jusqu'à la prodigalité, elle était l'esprit de ce monde, la vie de ce siècle, la joie de l'humanité. Un jour est venu où elle a dû expier ses fautes et se repentir de ses qualités. Elle a été humiliée, battue, profanée par les barbares. Les races du Nord, instruites mais non civilisées, éclairées mais sanguinaires, savantes mais impitoyables, se sont ruées sur ce foyer d'insouciante intelligence. Les rudes climats ne sauraient produire les plantes délicates de la forme et de la pensée. Les dévastateurs sortent du Nord. Ils perdent leur ignorance sans perdre leur cruauté native. Ils ont fondu sur nous comme le torrent et l'avalanche, et la grande blessée est là gisant sur son lit de douleur. A elle aussi on a dit : « Voulez-vous vivre amputée ou mourir entière? » Et, bien différente de notre dernier blessé, elle a répondu : « Je veux vivre! »

Oh! je sais que la France est nécessaire au monde, que sans elle la terre produirait encore le pain et le vin, mais aurait perdu le charme et le sourire. L'Europe sans la France, ce serait la France sans Paris. Quel ne serait pas l'ennui des nations?

Je sais aussi que la paix était voulue et acceptée d'avance. Elle était imposée par la peur et consentie par le désespoir. Et pourtant j'en connais plus d'un qui ne l'eût pas signée. Il s'agissait de choisir entre l'amputation et la mort.

La France a choisi l'amputation; le Français doit se soumettre. Maintenant le membre tranché doit-il repousser, ou sommes-nous voués au tétanos ou à la gangrène? Osons nous regarder en face et nous juger nous-mêmes.

Sommes-nous assez punis? Sommes-nous assez dépouillés de cette vanité et de cette forfanterie qui nous ont coûté si cher? Sommes-nous guéris enfin de cette manie de régenter nos concitoyens du fond d'un estaminet ou d'une arrière-boutique? Aurions-nous le bonheur de n'avoir plus un million d'hommes d'État et d'avoir un homme d'État? République ou monarchie, sommes-nous encore une nation? Saurons-nous apporter quelques changements à nos habitudes, à nos modes, à nos mœurs, à nos ridicules? Verrons-nous encore nos femmes et nos filles porter des toilettes extravagantes et dispendieuses pour le bonheur des tailleurs anglais ou allemands, nos petits enfants se draper dans des oripeaux de comédiens; verrons-nous encore nos classes bourgeoises et populaires s'abreuver du poison simple du théâtre ou du poison double du café-concert; nos gens du monde fréquenter les salons, où se joue le lansquenet, et le cercle, où le suprême bon goût vous ordonne de garder le chapeau sur la tête? Aurons-nous encore les courses pour l'amélioration de la race chevaline avec accompagnement de cocottes et de champagne; aurons-nous encore les tailleurs allemands, les bottiers allemands, les compositeurs allemands; aurons-nous les petits crevés, la *Belle Hélène* et les chiens à paletots armoriés? Et dans le peuple des villes, verrons-nous encore les grèves, le cabaret, la promiscuité et l'*Internationale ?*

Si nous devons être rendus à toutes ces hontes et à toutes ces misères, mieux valait mourir. Que serait-il arrivé? La France conquise aurait été asservie au joug prussien. Un sang barbare infusé dans nos races anciennes aurait amené, par la suite des temps, une génération jeune et forte. Nos oppresseurs, amollis à leur tour, seraient emportés par quelque tourmente révolutionnaire, et alors une France nouvelle...

Ah! cette supposition est affreuse! Mais si toutes les leçons doivent être perdues, c'est à désespérer de son pays.

## XXX

### Dernière page.

Si un écrivain pouvait savoir d'avance quels sont les points de son ouvrage ou de son opuscule qui sont attaquables et qui seront attaqués, il serait bien coupable de ne pas prévenir les objections en se corrigeant ou en s'émondant. Mais on ne saurait tout prévoir.

A ceux qui trouveront que quelques-uns de ces récits sont empreints d'une tristesse qui n'est pas dans le tempérament ordinaire de l'auteur, je répondrai que j'ai vécu cette année les plus mauvais jours de ma vie.

A ceux qui jugeraient au contraire que l'élément comique a une trop grande place dans plusieurs de ces historiettes, je répondrai :

— N'aimez-vous pas mieux le soldat qui accepte gaiement son fardeau que celui qui récrimine contre les chefs et les maîtres sous lesquels et par lesquels il a travaillé et souffert?

FIN.

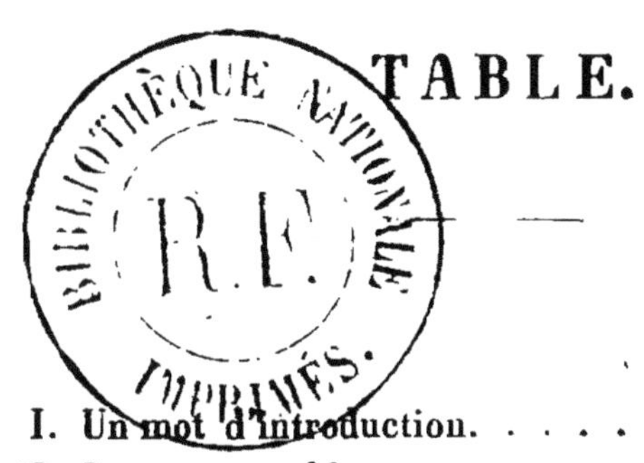


# TABLE.

FIN DE LA TABLE.

www.ingramcontent.com/pod-product-compliance
Ingram Content Group UK Ltd.
Pitfield, Milton Keynes, MK11 3LW, UK
UKHW012218240726
13966UKWH00003B/822

9 782011 761606